臺灣歷史與文化 研究輯刊

九 編

第 22 冊

台灣日文新詩的誕生
—以《臺灣日日新報》、《臺灣教育》爲中心（1895-1926）

張 詩 勤 著

花木蘭文化出版社

國家圖書館出版品預行編目資料

台灣日文新詩的誕生——以《臺灣日日新報》、《臺灣教育》為
中心（1895-1926）／張詩勤 著 — 初版 — 新北市：花木蘭文化
出版社，2016〔民 105〕
目 4+168 面；19×26 公分
（臺灣歷史與文化研究輯刊 九編；第 22 冊）
ISBN 978-986-404-490-0（精裝）
1. 臺灣詩 2. 詩評
733.08   10500182

ISBN-978-986-404-490-0

9 789864 044900

臺灣歷史與文化研究輯刊
九 編 第二二冊   ISBN：978-986-404-490-0

台灣日文新詩的誕生
——以《臺灣日日新報》、《臺灣教育》爲中心（1895-1926）

作 者   張詩勤
總 編 輯   杜潔祥
副總編輯   楊嘉樂
編 輯   許郁翎
出 版   花木蘭文化出版社
社 長   高小娟
聯絡地址   235 新北市中和區中安街七二號十三樓
        電話：02-2923-1455／傳眞：02-2923-1452
網 址   http://www.huamulan.tw 信箱 hml 810518@gmail.com
印 刷   普羅文化出版廣告事業
初 版   2016 年 3 月
全書字數   125503 字
定 價   九編 24 冊（精裝）台幣 50,000 元

台灣日文新詩的誕生

——以《臺灣日日新報》、《臺灣教育》爲中心（1895-1926）

張詩勤　著

作者簡介

張詩勤，1988 年生於台北。畢業於台灣師範大學國文學系、政治大學台灣文學研究所碩士班。現就讀於政治大學台灣文學研究所博士班。近期論著：〈《金色夜叉》在戰後台灣的傳播與在地化〉《臺灣文獻》66 卷 2 期（2015 年 6 月）。〈台灣新詩初現的兩條源流──由張我軍以前（1901～1924）的相關論述及創作觀之〉，《臺灣詩學學刊》第 22 期（2013 年 11 月）。〈來台日人的鬼屋描寫──論佐藤春夫〈女誡扇綺譚〉與日影丈吉〈消失的房子〉〉，《臺灣文學的內在世界》（台南：國立台灣文學館，2013 年 12 月 1 日）。〈理想戀愛的追求與幻滅──重讀龍瑛宗〈午前的懸崖〉〉，《中正台灣文學與文化研究集刊》第 12 輯（2013 年 6 月）。

提　　要

　　本論文以 1895～1926 年的《臺灣日日新報》、《臺灣教育》為史料，討論台灣日文新詩如何誕生的問題。首先，藉由拓寬「台灣新詩」的定義，將 1895 年台灣進入日本統治、傳入日本近代詩的同時，便算作台灣新詩的起點。接著，透過爬梳日本近代詩的歷史，闡明日本近代詩對於台灣日文新詩的影響。此影響可分為兩階段，一是明治期「新體詩」的傳入，使得日文新詩開始在台灣出現、並開始在詩中收編殖民地台灣的意象。二是大正期「口語自由詩」的傳入，使得文語定型詩的形式受到解放，並持續受到日本近代詩思潮的影響，進而促使台灣詩人的出現。從這個過程中，可以看出台灣日文新詩的誕生與日本近代國家與近代語言的建構有著密切的關係，這樣的關係影響了日治初期台灣日文新詩的性格，也影響了台灣詩人最初詩作的樣貌。相較於前行研究對台灣初期新詩中民族與抗日精神之強調，本論文應能提供較為不同的認識。

本著作榮獲國立臺灣圖書館

博碩士論文研究獎助、新台灣和平基金會

台灣研究碩博士論文獎，特此致謝

目

次

詩作目次

● 出自《臺灣日日新報》之詩作

◎ 出自《臺灣教育》之詩作

○ 非出自於《臺灣日日新報》、《臺灣教育》之詩
作

第二章

第三章

第四章

第一章　緒　論 [註1]

一、研究動機與研究目的

　　台灣新詩的出現一般被認為是在 1920 年代，涵蓋在日治時期台灣新文學運動的範疇裡 [註2]。其中最受矚目的兩位詩人，一位是寫出「第一首台灣新詩」的謝春木 [註3]，另一位是引發新舊文學論戰、並出版第一本中文新詩集《亂都之戀》的張我軍。前者被認為以台灣人的身份寫出了最早的新詩作品，後者則被認為引進了中國五四運動的精神。上述通論，可以看出邏輯多半植基於民族觀點：謝春木的台灣人身份，〈詩的模仿〉（詩の真似する）中的抗日性格被論者津津樂道 [註4]；張我軍由中國帶來新文學思想，藉以抨擊與日本漢詩人唱和的擊缽吟舊詩，不只能夠與「祖國」連結，亦能以台灣人乃至中國人的角度與日本帝國相對抗。兩者的價值都是將文學擺在文化抗日的位置之上所產生的。換句話說，由文學本身的演進來探討台灣新詩的起源，這方面的論述相當少。值得玩味的是，〈詩的模仿〉一詩由日文寫作，似乎不能

〔註1〕 本論文所引用之日文史料皆為筆者自譯，並經過吳佩珍老師的悉心指正、內田康老師的慷慨指教，謹此致謝。若內容有誤譯或誤植之處，概由筆者負責。

〔註2〕 從戰後 1981 年羊子喬的第一篇論日治期新詩史的文章〈光復前台灣新詩論〉，到 2005 年楊宗翰〈冒現期台灣新詩史〉、2006 年張雙英《二十世紀臺灣新詩史》等新詩史著作，皆有如此共識。

〔註3〕 關於謝春木〈詩的模仿〉和施文杞〈送林耕餘君隨江校長渡南洋〉孰為「第一首台灣新詩」的爭議，參見向陽，〈歷史論述與史料文獻的落差〉，《聯合報》，2004 年 6 月 30 日。爭議點在於完成時間與發表時間孰為先後，還有史實與史識何者為重的問題。從此爭議可以發現，論者多半將焦點置於《臺灣》、《臺灣民報》等雜誌，而缺乏對同時期其他史料的關照。

〔註4〕 追風，〈詩の真似する〉，《臺灣》，第 5 年第 1 號（1924 年 4 月 10 日）。

夠從中找出模仿與跟隨中國白話文新詩的痕跡。一時一地、由某種外來語言
所寫作的新詩體，不可能憑空出現。目前針對初期台灣新詩的研究，多半圍
繞著中文新詩展開，無法爲日文新詩的源流提供更進一步的線索。故本論文
嘗試跳脫民族抗日以及台灣人身份的角度，改從文體及思潮的面向來探討台
灣新詩如何誕生的問題。

　　台灣新詩究竟如何發生？受到什麼力量的影響？若要回答此問題，必須
進一步追問：日本近代詩如何發生？中國白話詩如何發生？它們又各自受到
哪些影響？追根究底，這個問題不能只由本地來看，而是一個世界性的問題。
整個世界進入近代的急速變遷，導致從物質到思想的總體改變，這些都影響
了如今仍然被持續創作的新詩。從日本近代詩的出現，可以看到日本詩人如
何不斷嘗試以新詩體去順應時代與社會的潮流。日本近代詩的試驗歷程可說
是台灣日文新詩的前車之鑑。台灣日文新詩如何使用與舊詩截然不同的新體
裁，表達出與傳統情思相異的新時代思想，討論它們與日本近代詩之間傳播
與接受的關係，能夠看出台灣新詩是如何在與時代互動的情形之下誕生的。
當然，若要檢視台灣新詩在起始時期接受各方思潮、鎔鑄了哪些文化的影響，
只看日本方面是不足夠的。然而，中國的五四運動及白話文運動對於台灣中
文新詩的影響，前行研究已累積了大量成果；而貫穿整個日治時期的日文新
詩中，日本近代詩對台灣新詩有什麼影響，這方面的論述目前還付之闕如。
故本論文將先把焦點放在創作數量爲大宗、以往卻未受太多關注的日文新
詩。以《臺灣日日新報》、《臺灣教育》兩種日文媒體爲主要對象，討論明治、
大正期（1895～1926 年，亦是日本的「近代詩」時期）在台灣發表的日文新
詩。由這批日文新詩，可以觀察台灣最早走出舊詩形式的新詩，是如何沿著
日本近代詩的腳步作嘗試性的創作，又如何展現出不同於日本近代詩的風
貌。亦可以看到，台灣新詩並不是以民族抗日、被殖民者的悲情作爲發生的
動力，而是面向著世界、感受到世界文學的脈動應運而生。

　　總結來說，本論文希望透過日文新詩，重新爬梳台灣新詩的誕生與源流。
藉著日本近代詩的發展軌跡看這些日文新詩的依循爲何。爲台灣日文新詩球
根的生成〔註5〕，理出一條較爲清楚的脈絡。

〔註 5〕「詩的兩個球根」概念爲陳千武提出。陳千武認爲台灣的現代詩受到「中國」
　　　　及「日本」兩個球根的影響。參見陳千武，〈台灣的現代詩〉，《臺灣新詩論集》
　　　　（高雄：春暉，1997 年 4 月）。

二、本論文關鍵詞定義

（一）新詩

本論文採用「新詩」一詞，主要以其「新」字與傳統舊詩形式作區別。中文使用者的理解裡的新詩，多半以中國「白話文運動」中，胡適開始提倡的自由形式的白話詩為主〔註6〕。日文語脈中的新詩則多半意指「日本近代詩」。日本近代詩經歷了「新體詩運動」和「口語自由詩運動」兩個階段。「新體詩」一方面突破了俳句、短歌的形式，另一方面仍處於文語定型詩狀態〔註7〕。直到言文一致運動興起，新體詩才逐漸轉變為口語的、不受格式拘限的「口語自由詩」。本論文以明顯與「舊」型式不同、又標舉為「新」體詩的作品為起點，用「新詩」一詞含括之。這麼做能把一直以來論者對「新詩」的想像範圍擴大，並往前推衍，去關照更早還在游移變動的日文新詩，是經過如何的嘗試才變成1920年代謝春木〈詩的模仿〉中的模樣。也就是說，本論文中的「新詩」一詞，包含了中國新詩史中的「新詩」以及日本近代詩史中「新體詩」與「口語自由詩」的概念〔註8〕。如此一來，台灣初始期「新詩」最寬的定義，從進入日治時期的1895年即可算起。至於「現代詩」一詞，在日本詩史及台灣詩史當中，都要待特定的思潮與時期之後才會出現，故不使用。

（二）台灣新詩

由前行研究對謝春木與張我軍的重視〔註9〕，可以看出在談論台灣新詩的誕生時，論者對「台灣新詩」的界定幾乎都局限在黃得時在談論台灣文學範疇時所言「作者出身台灣，亦在台灣展開文學活動的情形」上，這是台灣文學最狹窄的定義。黃得時所提及的其他四種情形還有：「作者出身台灣之外，但在台灣久居，亦在台灣展開文學活動的情形」、「作者出身台灣之外，只有一定期間在台灣展開文學活動，此後再度離開台灣的情形」、「作者出身台灣，但在台灣以外的地方展開文學活動的情形」、「作者出身台灣之外、也沒有來

〔註6〕從張雙英《二十世紀臺灣新詩史》（台中：五南，2006年8月）一書中所指出的：「『新詩』的最大特色，確實是胡適所提的『自由的形式』與『白話的體裁』兩項」便可看出。這是相對於中國傳統的五、七言絕句、律詩中「固定的形式」及「文言的體裁」而言。

〔註7〕文語定型詩是指採用日本文言文、傳統七五調形式寫成的詩。日本近代詩中的「新體詩」，是以這種型式為基礎，不斷變化與改造形式的詩。

〔註8〕「新體詩」與「口語自由詩」的歷史與定義，詳見本論文第二章及第三章。

〔註9〕同註1。

過台灣，只是寫了與台灣相關的作品，在台灣以外的地方展開文學活動的情形」〔註10〕。黃得時指出這五種情形都是台灣文學的範圍，雖然認爲前兩者較爲重要，但未否認其他三種情形在台灣文學中佔有的位置。本論文在討論「台灣新詩」時，亦希望能將作者是台灣出身、作品在台灣發表、題材書寫台灣等種種不同情形，皆納入「台灣新詩」的範圍當中。換句話說，只要滿足以下條件的其中之一的新詩：（1）作者爲台灣出身，（2）發表場域在台灣，（3）書寫台灣題材，皆爲本論文所指的「台灣新詩」。唯本論文的核心問題是台灣新詩的誕生，故在研究對象的選擇上，將會以在台灣發表的詩作爲主。另外，爲了討論焦點的集中，會選擇較多書寫台灣題材的新詩作品。這是爲了觀察日本近代詩傳入台灣，如何表現新題材、如何成爲在地化的一種詩體，而非認爲台灣新詩非得書寫台灣題材不可。

因前行研究將「台灣新詩」定義限縮在作者出身台灣的作品，故所採用的史料也局限於 1920 年代《臺灣青年》、《臺灣》、《臺灣民報》等台灣人創辦的雜誌之上。本論文隨著「台灣新詩」定義的擴大，將考察以《臺灣日日新報》、《臺灣教育》爲主的日文媒體，觀察明治到大正期在其上出現的日文新詩或詩論，藉以爬梳日本近代詩傳入台灣的軌跡。

（三）日本近代詩

日本的新詩通常被分作「近代詩」與「現代詩」兩個階段來談。一般而言，明治、大正期的詩爲「近代詩」的範圍，昭和期以後的詩則稱作「現代詩」〔註11〕。

日本近代詩的出現，是以 1882 年《新體詩抄》作爲發端。在此以前，日文當中「詩」的概念多半用來專指漢詩〔註12〕，日本傳統韻文也以短小精鍊的俳句、短歌爲主。進入明治時期，新時代到來，外山正一、矢田部良吉、井上哲次郎等人認爲舊體詩型無法容納新的思想，遂藉由翻譯西洋詩來創造詩的嶄新形式、並創作蘊涵新思想、新事物的詩，從此出現長篇幅、分行分段的新詩型「新體詩」。其後，新詩人們陸續以新型式寫詩，不斷地挑戰詩的

〔註10〕黃得時，〈臺灣文學史序說〉，《臺灣文學》第 3 卷第 3 號（1943 年 7 月 31 日），頁 3。這裡黃得時指出「文學活動」是「作品的發表及其影響力」。

〔註11〕犬養廉、神保五彌、淺井清監修，《詳解日本文學史》（東京：桐原書店，1986 年 1 月），頁 185。明治期爲 1868～1912 年，大正期爲 1912～1926 年，昭和期爲 1926～1989 年。

〔註12〕秋山虔、三好行雄：《新日本文學史》（東京：文英堂，2000 年 1 月），頁 197。

語言與形式，形成一股風潮。台灣在進入日本統治時期以後，日文媒體上雖登載相當多漢詩、俳句、短歌創作，但同時也正好是日本「新體詩」詩型蔚為風潮的時期。在《臺灣日日新報》上，可發現不少這種新型態的作品〔註13〕，這批新體詩中所表現出的時代意義與書寫台灣的特殊性，值得探究。

　　接著，日本在言文一致運動的影響下，從 1907 年川路柳虹的〈垃圾堆〉（塵溜）開始〔註14〕，1910 年代的新體詩逐漸轉為自由化、口語化，真正進入口語自由詩的時代，並開始出現各種重要的文學流派。反映在台灣詩壇，1911 年《臺灣日日新報》上出現第一首口語自由詩〔註15〕，1920 年代則出現大量口語自由詩作，大正時期自由且蓬勃的新思想在這些詩作上已可以看見。1922 年的《臺灣教育》則可以觀察到台灣人最早的新詩作品〔註16〕。

　　從明治到大正，即日本所謂的「近代詩」時期，這些詩型與思潮究竟對日治時期的台灣帶來什麼樣的影響、催生什麼樣的作品，本論文將鎖定這段時期來作探討。

　　針對日本近代詩的切入方式，需要釐清以下兩個問題。第一，即使使用日本近代詩的尺度，也不代表台灣新詩是能夠被精準丈量的。採取日本近代詩的途徑，是為了去看同樣使用日文的台灣新詩追隨學習的對象為何。不論如何，進入到台灣這個多元的環境，就不能避免各方面的刺激，不論是台灣本土的殊異性，還是來自中國方面的影響。所以，即使以日本近代詩的思潮來討論台灣新詩，也不代表它們完全服膺某種詩論。事實上任何詩人從事創作，大多不是為了替某種理論代言，頂多是對於某種美學的實踐，或者未曾思考思潮之類的問題，只是在潛意識的作用下寫出某一類型的詩，其所展現的更有可能是不同美學之間的交混。因此本論文指出的是一種方向，而非絕對的分類。

　　第二，從舊體的漢詩、俳句、短歌到新體詩，然後再進展到口語自由詩，這樣由舊而新的排列，看起來像是一種承先啟後的線性史觀，事實上並非如此。新體詩出現之後，舊體詩仍然絡繹不絕地被發表，且各種傳統詩型本身

〔註13〕目前可見最早的一首，為 1898 年 7 月 30 日石橋曉夢發表的六首新體詩。分別題為：〈渡臺行〉、〈花の夢〉、〈自適〉、〈門港漫吟〉、〈ゆふべ〉、〈漫吟〉。

〔註14〕川路柳虹〈塵溜〉發表於《詩人》雜誌（1907 年 9 月）。後收入詩集《路傍之花》（路傍の花）（東京：東雲堂書店，1910 年 9 月）時改題為〈塵塚〉。

〔註15〕ヤコ生，〈現場より〉，《臺灣日日新報》，1911 年 8 月 20 日。

〔註16〕張耀堂，〈臺灣に居住する人々に〉，《臺灣教育》第 243 期（1922 年 8 月 1 日）。張耀堂在 242 期《臺灣教育》即已發表英詩譯作。

也出現了革新〔註17〕；而在口語自由詩出現後，文語定型的新體詩形式亦沒有完全消失，仍然同時性地被創作著。許多創作新詩的詩人也同時是漢詩、俳句或短歌的創作者。標榜近代精神的新體詩，其中不少仍蘊含著古典的詩思，何況許多創作主題是不分古今的重要題材。舊體詩中偶爾也會出現書寫現代生活與思想者。然而，在形式與內容的互動之下，新詩所能夠承載的思想能較舊詩多元、新穎，況且到了自由詩，能夠變化的形式更可說是無窮無盡。故本論文著重於新詩，爲的是能夠觀察到詩人如何藉由創作表現出不同於過去的時代氛圍與思想，並非將漢詩、俳句、短歌等傳統詩型置於較落後、不進步的一端。

三、文獻回顧

　　台灣日治時期的新詩在戰後初被注意，並開始受到討論，是遲至 1970 年代末鄉土文學論戰結束，1979 年李南衡編《日據下臺灣新文學‧明集 4——詩選集》〔註18〕與 1982 年羊子喬、陳千武編《光復前台灣文學全集》新詩四卷〔註19〕出版之後的事。日治時期的新詩直到此時，部分面貌才首次呈現在論者眼前。前者收錄 65 位詩人的中文新詩；後者則收錄了 127 位詩人的中、日文新詩，是涵蓋範圍較廣的一套選集，在之後的日治時期新詩研究中佔有重要的地位，可以說是論者討論日治新詩的史料基礎。羊子喬在出版此選集前發表的〈光復前台灣新詩論〉一文〔註20〕，是初次全面整理日治時期新詩成果的文章，文中敘述了台灣新詩出現時的文學環境、並爲日治時期新詩的發展分期〔註21〕，對於台灣當時所受到的中國、日本、西洋思潮的影響皆有著墨，也爲後來的論者打下此期新詩的論述基礎。選集的另一位編者陳千武，

〔註17〕 參見野山嘉正《日本近代詩歌史》的〈伝統詩の自己変革〉一章（東京：東京大學出版会，1985 年 11 月）。

〔註18〕 李南衡主編，《日據下臺灣新文學‧明集 4——詩選集》（台北：明潭出版社，1979 年 3 月）。本選集「明集」部分出版包括賴和全集、小說選集、詩選集、資料文獻選集共五冊，全爲中文資料。原本預計出版另一套「潭集」，收錄日文資料，後來不知何故並未出版。

〔註19〕 分別爲《亂都之戀》、《廣闊的海》、《森林的彼方》、《望鄉》等四冊（羊子喬、陳千武編，台北：遠景出版社，1982 年 5 月）。

〔註20〕 羊子喬，〈光復前台灣新詩論〉，《台灣文藝》第 71 期（1981 年 3 月）。此文後收在《光復前台灣文學全集》中《亂都之戀》一書當中。

〔註21〕 分別爲奠基期 1920～1932 年、成熟期 1932～1937 年，決戰期 1937～1945。此分期相當爲後述論者所看重。

也陸續發表了〈台灣最初的新詩〉〔註22〕、〈台灣新詩的外來影響〉〔註23〕、〈戰前的台灣新詩〉〔註24〕等文章，論述並評價台灣日治時期新詩的整體趨向。可以看出日治時期新詩的編選工作，使得兩位學者接觸到大量的第一手史料，故論述這批詩作時的觀點清晰而全面，不僅能夠勾勒出日治期新詩的脈絡，亦能指出它們所受到的世界思潮的影響。要印證他們所提及的這些影響，需要發掘更多的史料，方能將他們勾勒出的線條清楚描劃，不過接下來的研究並非朝這個方向，而大多是沿著選集所收錄的史料作論述。因選集中並未收錄日人新詩作品，故選集之外的作品遂也落到了論者的視野之外。

　　1983 年陳芳明即以上述的《光復前台灣文學全集》詩選集爲基礎來評價日治時期的新詩，他認同陳千武對於謝春木〈詩的模仿〉一詩的解讀〔註25〕，重述羊子喬的分期、並修正其成熟期開始的時間。在這篇文章中，陳芳明認爲「這段時期的新詩其實都是具有抵抗性的，只是抵抗程度強弱不同而已」〔註26〕，從其選論的幾首詩，可以看出他看重的是從被殖民者或下層階級出發的作品，爲的是標舉出日治時期新詩的抵抗精神。1989 年中國學者古繼堂出版《台灣新詩發展史》〔註27〕，是第一本建構台灣新詩史的論著，首章即從「台灣新詩與五四運動」開始論述，以中國民族主義出發的立場不言可喻。書中對於以日文創作新詩的台灣「同胞」寄予同情，並且肯定台灣詩人雖然運用侵略者的語言，但能寫出革命性強的詩作，將此期詩作以抗日、愛國的標準來衡量。上述兩人所採取的民族觀點，不論是從台灣民族或中國民族出發，

〔註22〕陳千武，〈台灣最初的新詩〉，最初發表於《台灣文藝》第 76 期（1982 年 5 月），後收錄於《臺灣新詩論集》（高雄：春暉，1997 年 4 月）。

〔註23〕陳千武，〈台灣新詩的外來影響〉，最初發表於《自立晚報》（1988 年 8 月 15 日），後收錄於《臺灣新詩論集》。

〔註24〕陳千武，〈戰前的台灣新詩〉，最初發表於《首都日報》（1989 年 5 月 28 日），後收錄於《臺灣新詩論集》。

〔註25〕陳千武在〈台灣最初的新詩〉中，認爲謝春木〈詩的模仿〉組詩中的四首小詩「所表現不同的內容，可以說構成了以後台灣新詩主題發展的四種原型」。日後，楊宗翰首先對此看法提出質疑：「沒有這類『原型』，台灣詩就不能『延續』發展、台灣詩就不能寫『下』去嗎？說穿了，這不過是一種對『起源』的迷戀或迷思。」楊宗翰，〈冒現期台灣新詩史〉，《創世紀詩雜誌》，第 145 期（2005 年 12 月），頁 151。

〔註26〕宋冬陽（陳芳明），〈日據時期台灣新詩遺產的重估〉，《台灣文藝》第 83 期（1983 年 7 月），頁 12。

〔註27〕古繼堂，《台灣新詩發展史》（台北：文史哲出版社，1989 年 7 月）。

皆是以抵抗性來看待新詩的價值。如此一來，台灣新詩中所受到的日本近代詩的影響、在台日人的新詩等自然不在他們所討論的範圍當中。

　　接下來對於日治時期台灣新詩的論述，大抵沿著上述兩人的抵抗觀點展開。到了1999年，才有向陽重新從日治時期開始討論台灣新詩史的整體發展。他採取「主體性」和「認同」的角度，不滿前行論述將台灣新詩納入五四運動之下的「中國新詩濫觴論」、反對古繼堂以中國國族認同書寫的台灣新詩史觀點，既而談及「日文書寫的存在，是台灣新詩和同時期中國新詩發展最大的歧異，所以『五四運動下』的台灣新詩，就這些大量的書寫而言並不存在」〔註28〕，並認爲日治時期的台灣詩史匯聚了日本新詩、中國新詩、台灣白話文新詩三條伏流。這樣的角度可以說跳出以往的框架，故雖然文中運用的非新的史料，但看到了台灣詩史中源流複雜且值得重視的面向。不過討論日治時期部分的篇幅不長，未能有更進一步的分析。接著，2001年奚密爲《二十世紀臺灣詩選》書寫的導言〔註29〕，在談論台灣新詩的起源時，不再將張我軍的中文詩與謝春木的日文詩混爲一談，而明白地指出日文新詩是台灣新詩的「另一條發展主軸」，從日本1882年的《新體詩抄》到1912～22興起的自由體新詩來談論其脈絡〔註30〕，雖然僅以一段篇幅闡述此論點，但整篇文章對於台灣新詩的多元性格、與中國新詩相異的特殊性的論述皆相當中肯。上述兩篇文章修正了之前的論述過度關心抗日精神或中國影響的偏頗之處，不過因爲論述的是整體的、及至戰後的現代詩發展，因此未在日文新詩上著墨太多。

　　2004年開始，楊宗翰與孟樊計劃寫一部新的台灣新詩史〔註31〕，雖然至今尚未完成，但楊宗翰2005年所發表的〈冒現期台灣新詩史〉一文，應爲這部詩史中談論台灣新詩起源的部分。這篇文章中，楊宗翰站在前行研究的基礎之上，

〔註28〕林淇瀁（向陽），〈長廊與地圖：台灣新詩風潮的溯源與鳥瞰〉，《中外文學》第28卷第1期（1999年6月），頁72。

〔註29〕奚密，〈台灣新疆域〉，馬悅然、奚密、向陽主編，《二十世紀臺灣詩選》（台北：麥田出版社，2001年8月）。

〔註30〕不過，此文提及「日本的現代詩崛起於十九世紀末，第一本現代詩譯本集出版於一八八二年」（頁41），文中使用的「現代詩」一詞不適切（即使文章開頭有重新定義現代詩一詞）。畢竟在日本近現代詩史中，「現代詩」還是有其固定意義，要到大正末期因應現代主義思潮的傳入才出現。因此，《新體詩抄》算是「近代詩」的範疇。另外，《新體詩抄》詩集裡共有19首詩，14首是西洋譯詩，5首是創作詩，故不能完全算是譯本集。

〔註31〕參見楊宗翰〈台灣新詩史：一個未完成的計畫〉，《台灣史料研究》第23期（2004年8月）。

持平地描述台灣新詩的性格：「台灣新詩是台灣特殊文化環境、語言狀況與歷史條件下的產物，它從一出現就呈現多元、豐富與混雜的面貌」〔註32〕，並由《臺灣青年》、《臺灣》、《臺灣民報》等刊物上的文章細緻爬梳 1920 年代台灣新詩出現以前各種風起雲湧的思潮，描述台灣新詩的起始所處的中文、日文、台灣話文交雜的環境。文中使用的史料除了前述《光復前台灣文學全集》詩選集外，還有 90 年代末至 2000 年以來出版的賴和、張我軍、楊守愚、王白淵、陳虛谷、陳奇雲等人的作品集，較為豐富。但是在文中詩人分論的部分，仍然將使用中、日文的詩人擺在一起討論，日文新詩的傳播脈絡的爬梳不及中文新詩方面清楚〔註33〕。接下來有兩本台灣新詩史出版，分別是 2006 年張雙英《二十世紀臺灣新詩史》〔註34〕和 2008 年的古遠清《臺灣當代新詩史》〔註35〕。張雙英在日治時期新詩的部分，論述篇幅較之前詩史為多，但將張我軍、賴和、楊守愚、楊華、王白淵、風車詩社、楊雲萍、鹽分地帶詩人群、銀鈴會等詩人、詩社依序作專章介紹，同樣有將以中文及以日文創作的詩人、詩社混同並列，未能清晰勾勒出它們的脈絡承襲的問題。中國學者古遠清則直接跳過日治時期，從五〇年代開始寫起，對以日文寫作的新詩同樣抱持悲哀同情的態度。兩本書對於理解台灣新詩的生成，未能提供進一步的線索。

近十年以來，對於日治時期日文新詩的研究取向，較為注重個案的研究。如 2000 年左右以後，陸續出現許多以日治時期台灣詩人、詩社群為主題的學位論文，皆針對特定個案作細部的考查與分析〔註36〕。在個案的考查、探究

〔註32〕楊宗翰，〈冒現期台灣新詩史〉，《創世紀詩雜誌》，第 145 期（2005 年 12 月），頁 150。

〔註33〕而且，文中認為謝春木〈詩的模仿〉「所模仿的對象有二：一為日本的新詩，一為中國的新詩」，然而此時，謝春木正在東京留學、張我軍也尚未從中國介紹白話詩至台灣。從謝春木使用日文創作這一點來看，受到日本近代詩方面的影響從而模仿，應是毋庸置疑的。

〔註34〕張雙英，《二十世紀臺灣新詩史》（台北：五南出版社，2006 年 8 月）。

〔註35〕古遠清，《臺灣當代新詩史》（台北：文津出版社，2008 年 1 月）。

〔註36〕這類以詩人、詩社群為主要討論對象的學位論文，有 1998 年許惠玟〈巫永福生平及其新詩研究〉、賴芳伶〈冷澈的熱情者——吳新榮及其作品研究〉（國立中興大學中國文學系碩士論文），2000 年柳書琴〈荊棘之道：旅日青年的文學活動與文化抗爭〉（國立清華大學中國文學系博士論文）、周佩雯〈楊守愚及其作品之研究——以小說與新詩為中心〉（中國文化大學日本研究所碩士論文），2001 年黃建銘〈日治時期楊熾昌及其文學研究〉（國立成功大學歷史學系碩博士班碩士論文），2002 年廖榮華〈張彥勳文學研究〉（靜宜大學中國文學研究所碩士論文），2004 年王秀珠〈日治時期鹽分地帶詩作析論——以吳新

與整理之上頗有成績。整體而言，目前研究較缺乏的三個面向是：（一）外來思潮的爬梳，（二）新史料的挖掘，（三）在台日人新詩的研究。在台日人的研究往往集中在特定的對象，如近來成爲研究焦點的西川滿。不過就西川滿數量龐大的詩作而言，針對其新詩開展的研究也是相當缺乏的。更何況，日治時期在台灣創作新詩的日本詩人數量比起台灣詩人有過之而無不及。日本詩人與台灣詩人使用同樣的語言創作、處在同樣的島嶼，被論述的時候卻彷彿身在兩個文壇似地壁壘分明，其詩作幾乎沒有被與台灣詩人的作品放在一起談論過。即使明明他們可能曾經在同一個媒體、甚至同一個版面發表作品。從殖民者出發的外地文學理論與從被殖民者出發的抗日精神的推崇，使源自同一個日本近代詩思潮的詩作擦身而過，被當作兩個脈絡來論述。不過，由於身處帝國邊緣──殖民地這樣的事實，比起上述的台灣詩人，在台日人所受到的關注更少，或者可說是幾近於零。受到論者關注的，或是原本在日本文壇就有一席之地的作家、或是在台灣有相當高度的發言權與能見度的詩人。這一點從日治時期島田謹二的論著中，只提出伊良子清白與西川滿兩位

榮、郭水潭、王登山爲主〉（國立高雄師範大學國文教學碩士班碩士論文）、湛敏佐〈詹冰與兒童詩〉（國立臺東大學兒童文學研究所碩士論文），2005 年高梅蘭〈王白淵作品及其譯本研究──以《蕨の道》爲研究中心〉（台國立臺北教育大學語文教育學系碩士班碩士論文）、陳明福〈郭水潭及其作品研究〉（南華大學文學研究所碩士論文）、陳瑜霞〈郭水潭生平及其創作研究〉（國立成功大學中國文學系碩博士班博士論文）、楊順明〈黑潮輓歌楊華及其作品研究〉（國立臺灣師範大學台灣文化暨語言文學研究所碩士論文），2006 年黃立雄〈賴和文學作品中的抗日意識研究〉（玄奘大學中國語文學系碩士論文），2008 年莊曉明〈日治時期鹽分地帶詩人群和風車詩社詩風之比較研究〉（國立臺北教育大學台灣文化研究所碩士論文）、蔡惠甄〈鹽窩裡的靈魂──北門七子文學研究〉（佛光大學文學系碩士論文），2009 年徐舒怡〈楊守愚的文學世界〉（國立中央大學中國文學研究所碩士論文）、賴婉蓉〈謝春木及其作品研究〉（國立臺灣師範大學台灣文化及語言文學研究所碩士論文），2010 年林婉筠〈風車詩社：美學、社會性與現代主義〉（國立政治大學台灣文學研究所碩士論文），2011 年洪培修〈林芳年及其作品研究〉（國立中正大學台灣文學研究所碩士論文）、李翠華〈雲林地區新詩之研究〉（南華大學文學系碩士論文），2012 年賴文豪〈王昶雄及其作品研究〉（國立臺北教育大學台灣文化研究所碩士論文）、吳君釵，〈詹冰新詩研究〉（國立臺北教育大學語文與創作學系語文教學碩士論文），共計 22 篇。跨時的以主題、地區或詩史發展爲研究者，只有 2002 年陳沛淇〈日治時期新詩之現代性符號探尋〉（南華大學文學研究所碩士論文）、2005 年陳健珍〈日據時期臺灣新詩中的反抗與耽美意識〉（佛光大學文學系碩士論文）、2009 年鄧婉婷〈1930 年代台灣現代詩的成立與展開〉（國立中正大學台灣文學所碩士論文）等三篇。

新詩人作專章討論就可以看出〔註37〕。

　　目前可見的對於在台日人的新詩作品的整體論述，只有郭水潭在1954年寫的〈臺灣日人文學概觀〉中的新詩部分〔註38〕。雖然島田謹二在日治時期已完成《華麗島文學志》大部分篇章〔註39〕，但除了伊良子清白與西川滿的新詩外，書中多在談漢詩、俳句、短歌方面的成果。近年來有出現幾篇針對特定幾位日本詩人作探討的學位論文〔註40〕，不過到底日本詩人在台灣的整體表現與成就如何，他們如何開始書寫新詩，還是未被觸碰到的問題。日本詩人書寫台灣新詩，事實上跟台灣詩人一樣，也是從生澀的模仿與嘗試開始的。即使日文是他們熟悉的語言，但新體詩仍然是個剛出現的、嶄新的書寫形式，「台灣」亦是一個全新的題材。因此，在談論台灣日文新詩的誕生時放入日本詩人一起討論，對於日文新詩如何在台灣出現的問題，才能有比單看台灣詩人更為準確的認識。

　　筆者於2013年發表的〈台灣新詩初現的兩條源流〉〔註41〕一文，針對上述前行研究較缺乏的面向，嘗試性地爬梳張我軍以前的中、日文新詩論述及作品，理出日本及中國兩條脈絡，亦放入被介紹進台灣的西洋思潮及譯詩，呈現出台灣新詩初始期受到多方影響的狀況。史料方面，除了前行研究常使用的《臺灣青年》、《臺灣》、《臺灣民報》外，也加入《臺灣日日新報》、《臺灣時報》等日人媒體作觀察，找出了一些日本近代詩思潮引入台灣的軌跡，並翻譯了幾首過去未受到注意的，在台日人所寫的日文新詩作品。文中論及日文源流的部分，是本論文發展的基礎。然而該篇文章限於篇幅，討論的時

〔註37〕島田謹二，《華麗島文學志》（東京：明治書院，1995年6月）。

〔註38〕郭水潭，〈臺灣日人文學概觀〉，《臺北文物》3卷4期（1954年8月）。

〔註39〕書中的篇章於1935～1941年發表於《媽祖》、《臺灣時報》、《臺灣教育》、《臺大文學》等雜誌，但後來因為進入戰爭時期，故未能在戰前出版此書。

〔註40〕其中以1999年藤岡玲子〈日治時期在臺日本詩人研究——以伊良子清白　多田南溟漱人　西川滿　黑木謳子為範圍〉（台南：國立成功大學中國文學系碩士論文）一文最常受到引用，因該文是第一篇專門以在台日人的新詩為研究對象的論文，尤其多田南溟漱人、黑木謳子兩位日本詩人，過去幾乎未曾有人探討過。另外，1995年陳藻香〈日據時代日人在台作家——以西川滿為中心〉（台北：東吳大學日本文化研究所博士論文）和2004年陳欣瑋〈日本統治時期在台日籍作家之研究——以新垣宏一為中心〉（台北：輔仁大學日本語文學系碩士論文）兩文則是在討論個案的生平及作品時，有談到他們的新詩創作的部分。

〔註41〕張詩勤，〈台灣新詩初現的兩條源流——由張我軍以前（1901～1924）的相關論述及創作觀之〉，《臺灣詩學學刊》第22期（2013年11月）。

間範圍不長、所提出的史料亦不多，也尚未能夠細緻掌握日本近代詩發展的
狀況。要理解日本近代詩傳入台灣並作爲初始期的台灣日文新詩，受到什麼
思潮的影響、作了什麼樣的摸索、書寫多少台灣題材，並如何發展爲後來的
模樣，需要發掘更多作品來觀察。

四、研究方法與研究範圍

　　爲了理解台灣日文新詩誕生的狀況，本論文主要的研究方法是挖掘史料
並且探討它們與日本近代詩之間的繼承關係。因此，爬梳日本近代詩的發展
及源流是第一層工作，具備這層認識，方能夠去理解這些以日文書寫的早期
新詩的依循典範爲何。第二層工作則是將新的史料置於這個基礎之上作探
討，由當時發表的相關論述看詩人對於思潮的接受與討論情形，並藉由詩作
觀察詩人如何以新體裁表現他們所接收到的思潮、如何書寫歷史事件、台灣
題材或其渡台的心情等。雖然在進入日治時期初期，媒體上大部分是漢詩、
俳句、短歌等傳統詩，新體詩的數量並不算太多，但仍陸續有創作者發表作
品。篩選並且評價這些作品是本論文的第三層工作。在未有前行研究的狀況
之下，或許只能算是拋磚引玉式的嘗試性評價，但應能帶來一些不同於以往
的對於台灣初始期日文新詩的認識。

　　另外，需要說明的一點是，相對於前行研究以政治與歷史情境或者作者
個人生平爲主的取向，本論文的焦點會集中在新詩文本本身。唯有如此，方
能針對文本的形式表現，以及其所接受的文藝思潮這些方面作探討。歷史情
境與作者生平，會在討論文本的主題內涵時適時地作爲論述的輔助。事實上，
在日文新詩誕生的草創時期，許多作者都只有發表一、兩首詩作，使用的不
論是本名或筆名，大多都難以查出其身分。故本論文將不從時代與作者等文
本外緣切入，而從文本內緣的美學取向及表層的形式來觀察。

　　本論文探討的是台灣日文新詩的「誕生」，不可能涵蓋整個日治時期，而
會截取一段時期來作觀察。但爲了取得足夠的史料，還是得拉開相當長度的
時間範圍。故本文嘗試將討論的時間範圍爲台灣進入日治時期後的明治、大
正時期（1895～1926 年）。這段時間爲「日本近代詩」的時期，藉由這段時間，
可以觀察台灣的日文新詩如何接受日本近代詩的影響，循序漸進地發展新詩
的形式。

　　本論文採用的史料，第二、三章將以《臺灣日日新報》爲主，第四章將

以《臺灣教育》為主。《臺灣日日新報》是日治時期台灣發行量最大、發行期間最久的報紙（1898～1944 年），自創刊初始即不間斷地刊載各類文藝創作（早期是以漢詩、俳句、短歌為主）。從幾乎橫貫整個日治時期的《臺灣日日新報》上，可以完整地看到台灣文壇的發展情形，不論是文體的消長、思潮的傳播，都鮮明地反映在《臺灣日日新報》的版面上，眾多重要史料、文本皆出自於這份報紙。從《臺灣日日新報》創刊的 1898 年即可看到新體詩的出現〔註42〕，此後陸續可以找到新體詩的文本，從文本上可以看見詩與時代的緊密關係。且到 1922 年，《臺灣日日新報》開始刊載全版篇幅的文藝欄，其版面上開始出現大量的口語自由詩，其後每週的文藝欄都可看到新詩作品的發表。從《臺灣日日新報》上，可以觀察台灣日文新詩從稚嫩到成熟的整個發展。故本論文第二、三章將以此報作為主要探討對象。

　　《臺灣教育》則是日治時期刊期最長的雜誌（1900～1943 年）〔註43〕。這份雜誌原是國語研究會所（後改名為臺灣教育會）推行日文教育所創，故相當多關於教育的內容及文章，是研究台灣近代教育史最重要的史料。此雜誌除了教育方面的論文外，亦有刊登文藝作品。早期的文藝作品為漢文欄上的漢詩，從 1920 年開始則大量刊登口語自由詩作品。與《臺灣日日新報》不同的是，《臺灣教育》上的台灣人新詩作品相當多，在台灣人所撰寫的詩論中，也可以看到台灣人對於日本近代詩的接受軌跡。從這份以日文教育為主的雜誌上，可以觀察更多與《臺灣日日新報》不同的日文新詩作品，亦可以從中發現一些在教育界工作的，無法在《臺灣日日新報》上看到的新詩作者。故以台灣詩人為主要論述的第四章，將加入《臺灣教育》作探討。

五、章節概要

　　本論文的第一章為緒論，首先說明本論文的研究動機及研究目的，指出台灣新詩起源論的盲點、釐清台灣新詩的定義及其與日本近代詩之間的關係。接著爬梳前行研究中對於日治時期台灣新詩的論述，並且提出本論文的研究範圍及研究方法，指陳本論文的定位。最後依序說明本論文的章節大要。

　　第二章「『新體詩』在台灣」：透過在《臺灣日日新報》上發表的明治期

〔註42〕同註12。
〔註43〕1900～1901 年名為《國語研究會會報》，1901～1911 年名《臺灣教育會》，1912
　　　　年之後才改名為《台灣教育》。

新體詩（1898～1912 年），探討其與日本近代詩之間連動或交錯的關係。首
先從《新體詩抄》的爬梳及台灣最早的新體詩來看新體詩初進入台灣時所帶
來的爭議及討論。接著藉由對此期新詩的觀察，提出「新體詩與和歌的關
係」、「作爲『唱歌』的新體詩」、「新體詩的軍歌傳統」等三個主題，探討新
體詩在台灣，如何參與了以殖民地台灣爲出發點的日本近代國民國家的建構
過程。

　　第三章「從新體詩到口語自由詩」：透過台灣大正期口語自由詩的出現與
發展（1912～1926 年），探討從日本傳到台灣的「新體詩—自然主義—民眾詩
派」近代詩大系譜的形構。首先從日本口語自由詩運動，一直到民眾詩運動、
民謠／童謠運動的爬梳，來看《臺灣日日新報》對這些思潮的接受狀況。接
著分爲「從新體詩到口語自由詩」、「從唱歌到童謠、民謠」兩個主題，來看
大正期台灣口語自由詩的誕生，及其形成的系譜是如何一方面受到日本近代
詩的影響、一方面呈現出台灣的特殊狀況。

　　第四章「台灣詩人的口語自由詩」：特別以台灣詩人爲研究對象，探討其
在大正期的出現及書寫傾向（1921～1926 年）。隨著學習「國語」（日語）的
人口增加，台灣詩人在 1921 年即開始創作童謠、1922 年則開始書寫口語自由
詩。本章將以《臺灣教育》爲主要對象，觀察台灣詩人的日文新詩如何開始
出現在文壇之上。提出過去研究未曾提及的台灣詩人與詩作，觀察其發表的
詩論、童謠論與詩作實踐，是如何地展現了台灣詩人對日本近代詩脈絡的瞭
解，又是以什麼方式表現出殖民地台灣的特色。最後將這批詩作與前行研究
中經常討論到的台灣詩人謝春木、王白淵的詩作連結，作爲本論文與過去的
台灣新詩史的接點。

　　第五章爲結論，將綜合上述的論述成果，整體地看台灣日文新詩誕生時
期，新詩呈現出如何的趨向、對日本近代詩有什麼樣的接受與改變，方成爲
台灣在地特殊的樣貌。

第二章 「新體詩」在台灣:明治期日本近代詩的傳入與實踐(1895～1912)

一、前言:日本近代詩與殖民地台灣

　　明治維新時期,為了因應西方的強勢侵略,日本開始急思改革,引進大量西洋思想與器物,意圖建立以西方國家為藍本、並與之平起平坐的近代國民國家。在此近代國家的建構中,不只物質與思想,「語言」亦是帝國整合中一個重要的環結。如酒井直樹所言,在「國民語＝日本語」為根本的單一國民性的建構過程中,「正確的日本語」是統一國民的重要媒介[註1]。小森陽一也談到日本成為近代國民國家必要條件,便是國家語言文字的規範[註2]。台灣成為日本殖民地時,與北海道和沖繩遇到同樣的問題:若以日本語作為「國語」,這些地方能否算是「國內」?這些地方的人能否算是「日本人」[註3]?由此可知,日本語的語言文字之建構及統一,在近代日本國內的整合或國外的殖民地收編兩方面都是關鍵的課題。

　　坪井秀人認為日本近代詩的成立與這個建構過程有相當緊密的關係。「近代詩以及近代民謠的領域是存在於以承襲近世的語言〈聲音〉以及文字〈表記〉的更新,再建構或解構為基礎,進行近代的〈國體〉(nationality)再生產

〔註1〕 酒井直樹,《死産される日本語・日本人:「日本」の歷史──地政的配置》(東京:新曜社,1996年5月),頁208。

〔註2〕 小森陽一,《日本語の近代》(東京:岩波書店,2000年8月),頁59～60。

〔註3〕 同前註,頁173。

的現場」〔註4〕。日本過去以漢字爲主流的表記方式，在明治期西方事物的湧入以及時代的推移下，必須做出因應與改變。如何改變，關鍵就在於它是否能夠在所謂的近代國民國家形成過程中，由上而下地建構起標準的「國民語」。此時，近代詩以及近代民謠開始摸索新的聲音及表記的可能性，同時也建構出新的國民國家的圖景。這種摸索與更新，就是坪井所指的「近代國體再生產的現場」。台灣在日本建構國民國家的過程中，因爲成爲其殖民地的緣故，也被捲入了這個現場。本章所要說明的即是台灣進入殖民統治後，《臺灣日日新報》上所出現的近代詩如何體現了日本自《新體詩抄》以來，詩體之於國體的建構。這些詩所試圖勾勒的近代國家，比日本中央詩壇更進一步地開始將殖民地台灣納入其中。

作爲日本近代詩起點的《新體詩抄》於 1882 年創刊〔註5〕，而台灣在 1895 年成爲日本殖民地後，開始傳入此時被稱作「新體詩」的日本近代詩〔註6〕。這段明治期（1895～1912）以台灣爲背景開始發展的近代詩創作，此前並未受到注意。未受注意的原因在於「台灣新詩」定義的偏狹：非以中文創作、非台灣出身者創作、非以抗日爲主題的詩作鮮少被納入「台灣新詩」的討論當中〔註7〕。然而忽略掉此段歷史，不僅忽略了日本近代詩建構過程中確實存在的殖民地版本，更忽略掉台灣新詩發軔期間來自日本近代詩的影響。如此一來，在探討台灣日治時期其他日文詩作時，便無法將時間與空間延展，追本溯源去瞭解台灣的日文詩作如何在日本近代詩的潮流中出現。一如坪井秀人所言，日本語現代詩的成立與日本國民語建構的緊密關係，必須追溯自最初的近代詩《新體詩抄》。殖民地台灣的日本語現代詩的成立、在這個建構過程中所扮演的角色，亦應從台灣最初的近代詩開始看起。本章將以明治期《臺灣日日新報》上的日文近代詩作品爲探討對象，試論這些在「日本近代詩史」

〔註4〕 坪井秀人著、吳佩珍譯：〈《日本語問題》的前奏──〈國民〉的詩歌與歌謠〉，《日本語在台灣・韓國・沖繩做了什麼？》（台北：致良出版社，2008 年 2 月），頁 244。
〔註5〕 《新體詩抄》，收錄於《明治文学全集 60 明治詩人集 1》，東京：筑摩書房（1972 年 12 月）。
〔註6〕 日本的「近代詩」一詞指明治、大正期出現的新詩：「現代詩」則指昭和以後的新詩。「新體詩」一詞意指明治期突破舊有形式與內容的近代詩。犬養廉、神保五彌、淺井清監修，《詳解日本文学史》（東京：桐原書店，1986 年 1 月），頁 185。本章第二節將詳述新體詩的定義與歷史。
〔註7〕 此部分的討論請參見本論文第一章中「台灣新詩」一詞的定義。

或「台灣新詩史」當中皆被忽略的詩作，如何體現兩種史觀中闕而未論的部分。

　　《臺灣日日新報》創刊於 1898 年〔註8〕，爲台灣發行量最大、發行時間最長的報紙。直至 1944 年被併入《臺灣新報》爲止皆無中斷。戰後的復刻與保存亦相對完整。相對於其他年份較晚、期數保存不全的報紙，或者發行時期過於短暫的雜誌，長期發刊且並未中斷的《臺灣日日新報》不只便於觀察發表於其上的近代詩整體而持續的發展情形，亦確實刊載有數量最多的近代詩創作〔註9〕。這是本論文以此報爲主要研究對象的原因。

二、「新體詩」作爲日本近代詩之發端

　　作爲本章標題的「新體詩」被加上引號，乃因此詞出自日本文學史，需於此節詳加解釋其生成脈絡。

　　日本在近代以前，文壇創作以漢詩爲主，兼及俳句、短歌、狂歌、川柳等日本傳統韻文。提及「詩」字即指漢詩、「歌」字則指和歌。內容多爲吟味花鳥風月、戀愛、羈旅、別離等固定題材〔註10〕。明治期間，日本自西方國家輸入大量歐美近代思想，個人主義、自由民權、進化論等嶄新概念，造成社會文化的震盪與衝擊。文學方面也同樣受到了衝擊。原本作爲主流的漢詩、和歌等舊體裁不僅有字數上的限制〔註11〕、形式及內容也都受到約束，難以承載新事物及新思想，因此必須打破舊有的形式、建立新的文學體裁。外山正一、矢田部良吉、井上哲次郎三人提出「新體詩」一

〔註8〕　台灣成爲日本殖民地後，最初的兩份報紙是於 1896 年及 1897 年先後發刊的《臺灣新報》與《臺灣日報》。主事者分屬薩摩藩與長州藩。因藩閥對立使得兩報之間產生猛烈的鬥爭。於是總督兒玉源太郎居中協調，將兩報合併，並幫助守屋善兵衛買收兩家報社。合併後的報紙即爲 1898 年發刊的《臺灣日日新報》。《台湾日日三十年史——附台湾の言論界》（東京：ゆまに書房，2004年9月），頁3～4。

〔註9〕　該報自 1898 年即闢「文苑」、「俳林」等專欄刊登漢詩、俳句作品，但並無設立專欄刊登近代詩。因此明治期台灣的近代詩作品是無系統地散置在報紙版面的角落。這或許也是明治期《臺灣日日新報》上刊登的近代詩長期受到忽視的原因。

〔註10〕　矢野峰人，〈創始期の新體詩〉，《明治詩人集（一）》（東京：筑摩書房，1972年12月），頁365。

〔註11〕　漢詩有五言、七言以及絕句、律詩等不同的字數及平仄限制。俳句、川柳限用五、七、五共十七字，短歌則限制在五、七、五、七、七共三十一字。

詞，並在《新體詩抄》凡例中定義之：（一）「既不是詩、也不是歌，而是稱作『詩』的、作為歌與詩總稱的西洋的『poetry』」；（二）「雖是七五調，但並非拘泥古法者，而是欲求此種以外的新體」；（三）「仿傚西洋詩集之例，分句與分節書寫」〔註12〕。《新體詩抄》於1882年出版，在日本文學史上被認為是日本近代詩的起點。

　　《新體詩抄》是第一本有意識地藉由翻譯西洋詩來改革舊詩形式、促進文學體裁的進化的新詩集。外山正一、矢田部良吉、井上哲次郎分別是社會學家、植物學家及哲學家。三人皆是明治開化期的啟蒙學者，而非文學家。外山與矢田部是一同至美國留學、帶回進化論思想的同學，井上則是外山的學生〔註13〕。這些人在新詩體上的探索，與他們所關心的近代國家的文明開化有相當大的關係。由這些人寫下日本近代詩的首頁，可以看出從一開始，新體詩的出現就並非純然的文學改革，而是帶有啟蒙意義，與社會、國家的革新具連動關係。《新體詩抄》的革新，必須從語言及思想兩方面來探討。

　　語言方面，《新體詩抄》的作者們認為要創造國民文學、育成國民精神，首先必須解決「國語」的問題〔註14〕。於是三人分別以三種文體寫成《新體詩抄》的三篇序文，分別是漢文、和漢交混文、和文三種〔註15〕。坪井秀人認為《新體詩抄》的三種序文展現了「十九世紀末期日本語文體的目錄」〔註16〕。由三種序文的寫法可以看出三個作者欲嘗試不同的表記方式，藉以尋求一種新的、最適於近代表達的文體。藉由序文內容，坪井分析《新體詩抄》的突破是在「長度」及「用語」上。在長度上，外山正一認為短歌的字數太少，「連貫性的思想

〔註12〕《新體詩抄》，收錄於《明治文学全集60 明治詩人集1》，東京：筑摩書房（1972年12月），頁5。

〔註13〕森亮，〈『新體詩抄』の詩人たち〉，《明治文學全集月報72》（第60卷附錄）（東京：筑摩書房，1972年12月），頁1。

〔註14〕坪井秀人，《声の祝祭──日本近代詩と戦争》（愛知：名古屋大学出版会，1997年8月），頁48。

〔註15〕第一種只有漢字，第二種是漢字與片假名交混使用的文言文，第三種則是漢字與平假名交混使用，又被稱作「戲作文」，較近似於現今日本語的口語文。坪井秀人認為「由漢字到漢字交錯的片假名文，然後再成為交錯漢字的假名文──宛於支配此時帶日本知識份子的思想進化順序一般。」坪井秀人著、吳佩珍譯：〈《日本語問題》的前奏──〈國民〉的詩歌與歌謠〉，《日本語在台灣‧韓國‧沖繩做了什麼？》（台北：致良出版社，2008年2月），頁244～245。

〔註16〕同前註，頁244。

是內在的，在表達時無法以這樣簡短的方式來傳達」〔註17〕，文本長度的增加
讓具有連貫性的近代新思想得以完整表現；在用語上，井上哲次郎提出「故今
之詩，用今之語」〔註18〕，認爲在詩中放入近代的用語，才能夠讓近代的事物
與思想能被明白地傳達。藉由兩者的革新，《新體詩抄》得以將近代性複雜、連
貫、嶄新的思想置入新體詩中。由此可知，若不先從語言下手，詩的近代思想
性便難以彰顯。

　　思想方面，《新體詩抄》亦展現了作者對於日本近代國家的關心。《新體
詩抄》中共有 14 首翻譯詩及 5 首創作詩。翻譯詩多半是關於戰爭的軍歌或探
討社會人生的內容〔註19〕，這些詩具啓蒙性、教訓性，將個人放置於同時代
國家社會的框架當中〔註20〕；而創作詩當中，〈拔刀隊〉是以西南戰爭爲主題
的軍歌，此詩以活躍於西南戰爭的巡查隊爲素材，歌頌爲天皇與國家捨棄性
命的精神，〈勸學之歌〉、〈拜鎌倉大佛有感〉、〈題社會學原理〉等則是闡揚社
會思想的詩，〈春夏秋冬〉則爲描寫四季自然風物的詩。澤正宏指出，相較於
翻譯詩，《新體詩抄》中的創作詩是以進化論爲中心思想，具有濃厚的國家主
義色彩〔註21〕。這與作者們對於文明開化、近代國家的建立的關心是謀合的。

　　《新體詩抄》的具體創作形式爲七五調文語文，「七五調」指每一詩句皆
以七字、五字的韻律寫成。此爲和歌、俳句、川柳等日本韻文慣用的韻律。「文
語文」則指日文中的文言文（非口語化的書面語）。這樣的形式是新體詩創作
嘗試的起點。之後又發展出八六調、四七六調或自由調等不同形式，言文一
致運動興起之後，也開始有以口語體創作的作品。日本文壇將明治期的這些
實驗性作品以「新體詩」稱之。進入大正期，「詩」已成爲「新體詩」、而非

〔註17〕同前註，頁 245。

〔註18〕同前註，頁 246。

〔註19〕關於戰爭的譯詩，從詩集開頭便有〈布魯姆菲爾德氏兵士歸鄉之詩〉、〈卡姆
　　　普貝爾氏英國海軍之詩〉、〈丁尼生氏輕騎隊進擊之詩〉及〈丁尼生船長之詩〉
　　　等四首，除了第一首爲歸鄉軍人惆悵的感懷，後三首皆爲軍歌。討論社會人
　　　生的詩則有〈葛雷氏墳上感懷之詩〉、〈朗費羅氏人生之詩〉、〈生命之歌〉（上
　　　兩首爲同一首詩的異譯）、〈查爾斯・金格斯雷氏悲歌〉、〈高僧威爾善之詩〉、
　　　〈朗費羅氏兒童之詩〉、〈莎士比亞氏亨利四世中之一段〉、〈莎士比亞氏哈姆
　　　雷特中之一段〉（外山與矢田部各譯一首）。吟詠自然的譯詩則有〈莎爾・多
　　　雷亞氏春之詩〉一首。

〔註20〕澤正宏，《詩の成り立つところ——日本の近代詩、現代詩への接近》（東京：
　　　翰林書房，2001 年 9 月），頁 16。

〔註21〕同前註，頁 22。

漢詩的代名詞，不必要再特別與漢詩和歌作區別，「新體詩」一詞便逐漸不用〔註22〕。因此「新體詩」一詞是專指語言文字仍然在變動摸索、表記混亂、形式不定的明治期，所創作出來的近代詩。「新體詩」不是一種具有固定形式的體裁，而是在這段開化時期中所有嘗試性新詩體的總稱〔註23〕。

《新體詩抄》出版之後，部分文學家批評其缺乏詩意。爲了在新體詩中復興詩的情趣，有各式各樣的新試作出現〔註24〕。1886年山田美妙編纂的《新體詞選》即爲其中之一。山田美妙爲明治期最初的文學社團「硯友社」的發起人之一，也是日本言文一致運動的先驅〔註25〕。在《新體詞選》的自序中，山田美妙批評之前的新體詩都是「和讚、鞠歌，不然就是對西洋文章的直譯」、「氣韻全無、文法謬誤」，希望能有「眞美眞佳的新體詞」出現〔註26〕。在這篇自序裡，山田美妙既不滿墨守成規的古老和讚、鞠歌，亦討厭破壞日本語文法的西洋直譯體，爲了矯正《新體詩抄》中謬誤的文法、強調氣韻的重要性，山田美妙用「新體詞」一詞來對抗既有的新體詩。在《新體詞選》裡，山田美妙引入了歐洲的「句讀法」〔註27〕，並改良了新體詩的韻律。之後更嘗試使用五七調、八六調、七七調、五五調、六六調、三三調等不同形式創作新體詩〔註28〕。1890年，山田美妙發表〈日本韻文論〉一文詳細地檢討日本韻文的詩形及韻律問題。透過對日本詩形周密的檢討，山田美妙使得新體詩從模仿到創作產生了飛躍性的進展〔註29〕。從來到台灣的新體詩人石橋曉夢身上，便可以看到山田美妙的影響。

〔註22〕 井上哲次郎，〈新體詩的起原及將來的詩形（抄）〉，西田直敏，《『新體詩抄』研究と資料》（東京：翰林書房，1994年4月），頁30。（原文刊於『帝国文学』大正七年五月號）
〔註23〕 「新體詩是明治的詩的總稱」——犬養廉、神保五彌、淺井清監修，《詳解日本文学史》（東京：桐原書店，1986年1月），頁185。
〔註24〕 同前註，頁186。
〔註25〕 同前註，頁128。
〔註26〕 《新體詞選》，收錄於《明治文学全集60 明治詩人集1》，東京：筑摩書房（1972年12月），頁24。
〔註27〕 山田美妙在《新體詞選》中的「緒言」中提到日本的文章沒有歐洲使用句讀的習慣，使得語法曖昧。因此首次在《新體詞選》的作品中加上了「、」「。」等句讀來切割句子。
〔註28〕 塩田良平，《山田美妙研究》（東京：日本図書センター，1989年10月），頁404。
〔註29〕 同前註，頁426。

三、在台灣初登場的新體詩作及詩論

　　石橋曉夢是第一個在《臺灣日日新報》上登場的新體詩作者。在此前後，該報主要是刊登漢詩，兼及俳句、短歌等日本傳統韻文。石橋曉夢的本名爲石橋哲次郎，筆名有曉夢、仙堂、愚仙等，生平不詳。自日本國會圖書館及早稻田大學圖書館的資料來看，在 1898 年渡台以前，石橋曉夢已是著作頗豐、並編纂多冊詩集的新體詩人。1897 年編有新體詩月刊《心之緒琴》兩冊〔註 30〕、新體詩集《青葉集》〔註 31〕，1898 年更編有著名的新體詩集《山高水長》〔註 32〕，除石橋曉夢自己的作品外，收錄了國木田獨步、田山花袋、宮崎湖處子、佐佐木信綱、正岡子規、太田玉茗等著名作家的詩作。返日之後還編有《五彩雲》、《悲哀吟》等詩集〔註 33〕。

　　1898 年，也是《臺灣日日新報》創刊同年，石橋曉夢在該報上刊登了〈渡臺行〉、〈花之夢〉（花の夢）、〈自適〉、〈門港漫吟〉、〈黃昏〉（ゆふべ）、〈漫吟〉等六首新體詩〔註 34〕。從詩前的「於久留米鳥栖間滝車中」、〈門港漫吟〉中的「鎮西橋」地名，可推測石橋曉夢來自北九州〔註 35〕。〈渡臺行〉一詩內容如下：

渡臺行／石橋曉夢　　　　　　　　　渡臺行／石橋曉夢

荒波（あらなみ）そよぐ島（しま）が根（ね）に、　　　怒濤洶湧的島嶼、
　神（かみ）の眞言（まこと）を宣（の）べんため、　　　爲了宣揚神的眞言、

〔註 30〕石橋哲次郎編，《月刊新體詩集　心の緒琴　第一集》（東京：三友堂，1897年 10 月）；石橋哲次郎編，《月刊新體詩集　心の緒琴　第貳集》（東京：三友堂，1897 年 11 月）。

〔註 31〕石橋哲次郎編，《青葉集》（東京：文盛堂，1897 年 11 月）。

〔註 32〕石橋哲次郎編，《新體詩集　山高水長》（東京：增子屋書店，1898 年 1 月）。

〔註 33〕石橋哲次郎編，《五彩雲》（東京：文學同志會，1905 年 11 月）；石橋哲次郎編，《悲哀吟》（東京：文學同志會，1908 年 7 月）。不同於渡台前編纂的四本詩集，這兩本詩集並未收錄石橋哲次郎自己的詩作。

〔註 34〕石橋曉夢，〈石門山泉〉，《臺灣日日新報》，1898 年 7 月 30 日。這六首詩中，〈花之夢〉一詩先前已收入《心之緒琴》第二集，〈自適〉一詩則已收錄於《山高水長》。

〔註 35〕久留米位於今福岡縣久留米市，鳥栖位於今佐賀縣鳥棲市（靠近福岡），兩者可由九州新幹線的「鹿兒島本線」互通。「鎮西橋」位於今福岡縣北九州市門司區。「門港」應指今「門司港」，可見作者是從佐賀坐車到福岡，再到門司港搭船至台灣。

悦び勇みて今日を行く。 　　　　喜悦而勇敢地於今日離去。

親兄弟のありがたき、 　　　　　父母兄弟那值得感謝的、

　　情のみ手はいと強く、 　　　　　情誼之手如此強勁、

　　　わがうしろ髮ひくなれど。 　　　　使我感到依依難捨。

高長の山も今日かぎり、 　　　　高聳的山也限於今日、

　　千年の川もけふかぎり、 　　　　千年的川也限於今日、

　　　また來んまでは夢にのみ。 　　　　至歸來爲止只能夢中相見矣。

　　　　　　　　　　　　　　　　　　　　　〔註36〕

此詩描寫了遠渡島國、離開日本山川的不捨之情。詩中「怒濤洶湧的島嶼」（荒波そよぐ島が根に），與《萬葉集》中的句子有相似的情調：

大和をも　遠く離りて　岩が根の　荒き島根に　宿りする君

〔註37〕

遠離大和、長宿在岩石荒涼的島嶼上的你啊

此歌爲悼念雪連宅滿所作，作者不詳。雪連宅滿作爲遣新羅使（派至韓國的使節），在前往韓國途中，在長崎「壹岐島」上因病而死。歌中描寫雪連宅滿背對著父母家人遠離朝廷、前往韓國的情形。〈渡臺行〉也同樣描寫帶著思念家人的心情遠離日本，前往荒涼島嶼的心情。由此可見，此詩運用了日本文學固有的語言。從〈渡臺行〉的語言及其使用句讀的情形來看，石橋曉夢的作品較爲接近經山田美妙改良過的新體詩形式。

　　署名「來城」（らい城）的報社編輯爲這六首詩作跋〔註38〕：「敢問曉夢子，子何故捨棄清涼之國、來此瘴煙蠻雨之中耶？曉夢笑而不答，出示吟草一部，

〔註36〕此詩日文形式雖爲七五調，但爲顧及意義通暢，在中譯時無法表現其形式的限制。其後譯詩皆然。

〔註37〕青木生子、井手至、伊藤博、清水克彥、橋本四郎校注，《萬葉集　四》（東京：新潮社，1982 年 11 月），頁 191。

〔註38〕署名之上附記「於出城郭西竹綠鳥啼之處」（城郭西に出で竹綠に鳥啼くのところ）。根據《台灣日日三十年史》的年表，臺日社於 1898 年即遷至「西門街三丁目」（後來的榮町四丁目），位於台北城的西門附近。「出城郭西」這樣的字句，可推測此人爲臺日社的社員。《台灣日日三十年史──附台灣の言論界》（東京：ゆまに書房，2004 年 9 月），頁 47。

氣韻既高、風神杳然，與分袂以前相比，覺所吟之詩思文情轉爲熾烈。啊，吾若早知今來縮於此蠻瘴之地、豈會不將之置於行囊之中？」〔註39〕這段話表達出台灣雖被稱作「蠻瘴之地」，卻激發石橋曉夢創作出比在「清涼之國」的內地更好的佳作。跋中所強調的「風神」、「氣韻」，應與山田美妙的「氣韻」爲同樣的指涉。石橋曉夢與山田美妙的承繼關係，亦可自以下論爭中看出。

　　1899 年，石橋曉夢針對新體詩是否有「風韻」的問題，與《臺灣日日新報》的讀者有一番爭辯。署名「勿來」（なこそ）的投稿者在報上發表〈隨興所至〉（思出るまゝ）一文〔註40〕。在以「驕慢」爲題的段落中談到：「寫作不懂助詞的和歌、創作不合平仄的詩，而傲然向人展示誇讚者，近來非常多。其中被他們稱作所謂的『新體詩』者，不僅沒有風韻，也毫無趣味，似文章又非文章，刊登在雜誌上面，雖然娛樂到作者自己，卻讓讀者感到無比困擾」〔註41〕。此文一出，石橋曉夢馬上發表〈唇槍一支〉（橫鎗一本）提出反駁，並特別註明「敬呈勿來先生」〔註42〕。他質疑勿來的「讀者」一詞所指爲何，反問「如『讀者』指的是一般讀者的話，爲何會有那麼多新體詩集不斷再版，並在世間廣爲傳播呢？如果沒有比這更困擾的話，也就沒有買的必要才對」〔註43〕。針對「沒有風韻，也毫無趣味」的批評，石橋認爲「先生若去咀嚼新體詩獨占的趣味、並且吟味其風韻的話，應能從中發現到它的

〔註39〕原文：「敢て曉夢子に問ふ、子何か故に清涼の國をすてゝ、此瘴煙蠻雨の中に來る耶、曉夢笑て答へず、一部の吟草を示さる、氣韻は高く、風神は杳かに、之を分袂以前に比するに、轉った詩思文情の熾んなるを覺ふ、ア、われ之を知れり、今の來るは、此蠻瘴の地を縮めて、之を一囊の中に括らんと欲するには非さるか」。

〔註40〕なこそ，〈思出るまゝ〉，《臺灣日日新報》，1899 年 8 月 12 日。「勿來」（なこそ）一詞，爲福島縣東南部，磐城市（いわき市）南部地區的舊名（ブリタニカ国際大百科事典 小項目電子辞書版，2011 年 4 月）。推測此人可能出身此地，故以「勿來」作爲筆名。

〔註41〕原文：「てにはも知らぬに和歌をひねくり、平仄の合はぬ詩を作り、傲然として人に矜り示すもの、近來極めて多し、中にも彼の新体詩とか稱する、風韻もなく趣味もなき、似非文章を物して、雜誌などに揭げあるは、作者自身には嬉れしくもあらんが、讀む者の迷惑此上なし」。

〔註42〕基隆　石橋曉夢，〈橫鎗一本（なころ先生に呈す）〉，《臺灣日日新報》，1899 年 8 月 16 日。

〔註43〕原文：「そもや、讀む者とは一般讀者を意味したるならんが、若し然りとせば、幾多新体詩集の版を重ねて、廣く世間に流布するは何の故ぞや、迷惑此上もなきものならば、之を買ふの必要もなからんに」。

新詩想」〔註44〕，「懇請先生舉出新體詩的實例，並解說它沒有風韻，也毫
無趣味的理由給我聽」〔註45〕，暗指勿來並沒有眞正讀過新體詩便妄加批
評。而對於「似文章又非文章」一句，石橋曉夢更指出這是未能意識到「散
文」與「韻文」之別的發言。山田美妙的〈日本韻文論〉第一章便是「散文
與韻文的區別」，從這裡可以看出石橋曉夢對山田美妙的思想承繼〔註46〕。
從提出「新詩想」一詞，也可看出石橋曉夢認爲確有唯新體詩才能夠寄託的
思想，且與傳統和歌、漢詩一樣能夠具有風韻，會攻擊新體詩沒有風韻，只
是對新體詩存有成見罷了。由這段筆戰可知，1899 年的《臺灣日日新報》上，
有人不能接受新體詩這種破壞傳統形式、不遵照古法與平仄來創作的新體
裁，畢竟當時台灣媒體上刊登的清一色爲漢詩、俳句等傳統韻文。而石橋曉
夢作爲一位新體詩人，則爲新體詩所具有的獨特趣味與風韻辯護。這是新體
詩在《臺灣日日新報》引發的一場小小交鋒。

　　另一篇關於新體詩的論述出現在 1901 年，《臺灣日日新報》的編輯半佛
所發表的〈新體詩囈語〉一文〔註47〕。此文並非直接肯定或否定新體詩，而
是針對新體詩的創新形式與寫作手法，提出具體的批判與建議。作者認爲「文
學應該要隨著國民的風氣性格變遷與發展」〔註48〕，新文學的出現對於世人
是有益的，所以新體詩應運而生，也因此大受歡迎。然而，由翻譯西洋詩而
來的新體詩是「破壞日本章學的舊屋，構築歐洲文學的新家」〔註49〕。半佛

〔註44〕原文：「先生に新体詩獨占の趣味を咀嚼し、又其の風韻を吟味したまふの新
　　　　詩想を有せられざるものと見て可ならん」。
〔註45〕原文：「新体詩の實例をも舉げ給ふて、風韻なく、趣味なき理由の一端をも
　　　　說き聽かせ給へ」。
〔註46〕石橋曉夢對山田美妙的明確推崇，可從《臺灣日日新報》上的另一篇文章〈無
　　　　操琴〉中看出。文中提及山田美妙當時因前妻田澤稻舟過世，而被世人踵闥
　　　　一事。石橋曉夢對此事寄予同情，並且認爲這些道德批判、猜疑嫉妒的聲音
　　　　並無損於山田美妙的文章本身的發達進步。
〔註47〕半佛，〈新軆詩囈語〉，《臺灣日日新報》，1901 年 5 月 7 日。「半佛」全名爲三
　　　　浦半佛，爲《臺灣日日新報》編輯，1901 至 1908 年經常在該報發表文章，内
　　　　容多爲社會、文化或時事評論，期間曾至越南、香港等地捎來當地的見聞及
　　　　國際關係之觀察。1908 年 12 月 8 日病逝台灣。12 月 19 日在《臺灣日日新報》
　　　　有一篇署名「盧山」發表的〈懷念三浦半佛君〉（三浦半佛君を懷ふ），記載
　　　　關於此人生前行止。
〔註48〕原文：「文學は國民の風氣性格に隨伴して變遷し發達せねばならぬもの」。
〔註49〕原文：「新軆詩と云ふやつは日本文學の舊屋を破壞し歐洲文學の新家宅を築
　　　　かんとして成らさるもの」。

認爲各民族都有依照國民的語言、性格、精神所形成的文學，在字數、音調、押韻上各有立足點，但當今的新體詩卻只是羅列了七五調而已，稱不上是美文。況且，「新體詩多少限制較鬆，思想發抒的範圍寬廣，但仍受到七五調的束縛，往往必要詞彙的意思受到限縮，爲了填入多餘的字又橫生不必要的意思」〔註50〕。因此，半佛提出了包括新體詩在內的美文將來應該改進的三個方向：「盡其所能在語言上彰顯思想」、「自由自在地使用語言」、「依照聲韻來調整語句的美感」〔註51〕。這篇文章當中，作爲近代詩開端的新體詩最重要的使命再次被揭露出來：「文學應該要隨著國民的風氣性格變遷與發展」，雖然新體詩一開始是從翻譯西洋詩而來，但爲了適合日本國民，必須要從中創造出屬於日本的國民詩歌的語言。這與山田美妙所思考的方向是一致的。日本語＝國民語在詩歌中該如何建構，詩歌的「字數、音調、押韻」該如何表現才服膺「國民的語言、性格、精神」，這是從《新體詩抄》的作者們就開始思考的課題。文章中提出的三個新體詩方向相當具有建設性，敏銳地掌握了當時日本詩壇正走向「言文一致」的動向。

在此之後，《臺灣日日新報》上未再有關於新體詩的論述，取而代之的是持續不輟的新體詩創作實踐。

四、明治期台灣新體詩的特色

縱觀台灣明治期十五年間，發表在《臺灣日日新報》上的新體詩作品，有三個現象值得重視：

（一）在歌人宇野秋皐擔任文藝記者期間，新體詩的質量俱豐
（二）題爲「唱歌」的新體詩作品佔多數
（三）軍歌類作品多，且幾乎集中在日俄戰爭開始期間

本節將針對這三個現象，探討由「新體詩」延伸而出的三個主題：「新體詩與和歌的關係」、「作爲『唱歌』的新體詩」、「新體詩的軍歌傳統」。透過這三個主題來說明殖民地台灣的新體詩創作現象，並舉出《臺灣日日新報》上的文

〔註50〕原文：「新躰詩はと云ふと多少寬やかで思想發舒の範圍が廣いやうだが矢張り七五調と云ふ鎖に縛られて住々必要の詞も何だか意味の分らぬ迄に縮めたり又は餘計な字を入れて引伸ばしたりせねばならぬやうの事が澤山出て來て」。

〔註51〕原文：「第一、思想の言顯に遺憾なからしむると第二、語の使用を自由ならしむると第三、韻聲に依て語句の美を整ふるとの三つである」。

本實例加以討論。

（一）新體詩與和歌的關係

　　1902 至 1904 年間，《臺灣日日新報》的新體詩數量突然增加〔註52〕，明治期所有軍歌、唱歌以外的新體詩作品幾乎都集中在此時期發表。觀察此時期刊出的新體詩，詩後經常附有署名「秋皐妄言」、「秋皐妄評」或「秋皐曰」的短評。「秋皐」的本名爲宇野覺太郎。島田謹二在《華麗島文學志》中指出「秋皐宇野覺太郎」是歌人山田義三郎的師友，金澤人，明治三十年代來台，和館森鴻合編「台灣關係者」的詩歌集《竹風蘭雨集》，擔任「台灣文庫」的主任後〔註53〕，轉任《臺灣日日新報》的記者。島田除了提到宇野秋皐「擔任歌文編輯，名聲頗佳」外，也指出「秋皐是嚴謹高雅之士，酷嗜謠曲，在文藝上特別偏好萬葉的古調，並熱衷於評論長短歌」〔註54〕。宇野秋皐究竟如何看待新體詩，雖無其他論述或生平資料可供參考，但從其選詩及評語可窺知一二。在此之前，必須先討論新體詩與和歌之間的關係，以及新體詩所引起的和歌改良論，方能理解作爲歌人的宇野秋皐對新體詩所持有的態度。

　　雖然《新體詩抄》是以翻譯西洋詩作爲日本近代詩的開端，但是新體詩的語言形式不可能憑空出現。從其七五調的樣式看來，與日本傳統韻文和歌應具有某種程度的關聯性。但這一點並未在日本近代詩史當中被闡明，最大的原因在於井上哲次郎、外山正一在《新體詩抄》序中明確地表示要與漢詩、和歌作切割〔註55〕。新體詩雖在「理論上」與漢詩、和歌切割，但就七五調文語文的寫作形式這一點，卻無法跟以七五音爲基底的和歌完全切割。明治前半期和歌史研究的第一人小泉苳三，便指出新體詩是從西歐詩翻譯出發的見解是受到《新體詩抄》序的影響，其實明治期的新體詩在當時並沒有超越

〔註52〕　目前估算 1898～1912 年間新體詩共 56 首，1902～1904 年就佔了 29 首。不過，
　　　　　 1904 年增加的新體詩，有一部分是因日俄戰爭開戰而發表的應時之作。參見
　　　　　 本論文附錄一。
〔註53〕　「台灣文庫」爲台灣第一座近代圖書館，於 1901 年 1 月 27 日開張。發起人
　　　　　 爲《臺灣日報》編輯枥內正六。陳柔縉，《台灣西方文明初體驗（經典版）》（台
　　　　　 北：麥田出版，2011 年 10 月），頁 263。
〔註54〕　島田謹二，〈山おくの桜ばな——山田義三郎の歌——〉，《華麗島文學志》（東
　　　　　 京：明治書院，1995 年 6 月），頁 239。
〔註55〕　《新體詩抄》，收錄於《明治文学全集 60　明治詩人集 1》，東京：筑摩書房（1972
　　　　　 年 12 月），頁 5。

和歌的表現樣式〔註 56〕。野山嘉正同意小泉苳三的看法，認爲新體詩確實是
從和歌分枝而出的，但這樣的觀點卻只在和歌史中被談論，而被置於近代詩
史的範圍之外〔註 57〕。《新體詩抄》在明治 20、30 年代引發了歌人之間的和
歌改良／長歌改良等論爭〔註 58〕，這確實是新體詩在和歌史中所掀起的漩
渦。「詩史與短歌史幾乎完全分離是日後的事，在那個時期要以分離的形態來
解釋它們終究是不可能的」〔註 59〕。雖然後世的近代詩史拋棄了和歌的面向，
但要評價當時的新體詩，就必須重新回到那個時代的脈絡。不論是歌人與新
體詩人身份之重疊、還是當時的新體詩尙未擺脫和歌的語言及意象，認清這
些事實都有助於探究《臺灣日日新報》中的新體詩作品。

　　《新體詩抄》發刊以後，萩野由之是最早提出和歌改良論的一人，指出
爲了古典學的發展，應該要討論如何改良和歌的問題，並認爲現今的事物、
感動應該用現今的詞語來陳述〔註 60〕。野山嘉正認爲萩野並未對和歌改良作
出具體的建議，「無法得知他究竟是擁護新體詩的發展，還是支持長歌體的復
活」〔註 61〕。歌人佐佐木弘綱延續萩野由之提出長歌改良論，肯定新體詩的
七五調是「今之調」〔註 62〕。相對於《新體詩抄》的作者意欲擺脫傳統，支
持和歌改良論的歌人將新體詩視爲改良過的長歌，希望爲新體詩補上傳統和
歌的歷史脈絡。在和歌史的觀點中，新體詩帶來了和歌的改良與復興，具有

〔註 56〕 小泉苳三，《近代短歌史　明治篇》（東京：白楊社，1955 年 1 月）。
〔註 57〕 野山嘉正，《日本近代詩歌史》（東京：東京大學出版会，1985 年 11 月），頁
　　　　58。
〔註 58〕 小泉苳三編，《明治歌論資料集成》第 1 卷（京都：立命館出版部，1940 年）。
　　　　此書中收錄了此時期關於和歌改良的重要論述。書中第一篇收錄的史料便是
　　　　《新體詩抄》。長歌是和歌當中的一種形式，在平安時代因短歌的盛行而走向
　　　　衰退，可以說是一種古老的歌體。短歌的形式是「五七五七七」，而長歌的形
　　　　式則是「五七五七五七……七七」，並沒有長度的限制。新體詩「七五七五七
　　　　五……」的形式、加上沒有長度限制的特色，可以說其實是改良版的長歌。
　　　　這是新體詩會在歌壇引發和歌改良／長歌改良等論爭的原因。論爭的焦點除
　　　　形式之外，當然還有內容的問題。
〔註 59〕 小泉苳三，《近代短歌史　明治篇》（東京：白楊社，1955 年 1 月）。
〔註 60〕 北住敏夫，〈歌論史近代〉，《和歌史・歌論史》（東京：櫻楓社，1969 年 7 月），
　　　　頁 306～307。
〔註 61〕 野山嘉正，《日本近代詩歌史》（東京：東京大學出版会，1985 年 11 月），頁
　　　　68。
〔註 62〕 佐佐木弘綱，〈長歌改良論〉，小泉苳三編，《明治歌論資料集成》第 1 卷（京
　　　　都：立命館出版部，1940 年），頁 160。

刺激革新的意義，因此並不是與傳統文學完全對立的。宇野秋皐在《臺灣日日新報》上熱心刊登、評論新體詩，可見他也是站在肯定新體詩的歌史意義的立場上。從「詞藻優美」、「押韻自在」、「修辭老健」等短評，可以知道他相當著重字句修辭的雕琢，與重思想輕詞藻的《新體詩抄》作者不同，而與編纂《新體詞選》的山田美妙較爲接近。宇野秋皐在〈母親的等待〉（母や待つらん）一詩的評語中稱讚該詩「特別運用五七之古調，令人感到無可言喻的喜悅」〔註63〕。〈母親的等待〉通篇運用五七調，最後以七七調作結，這樣完全遵循古調長歌的形式，在以七五調爲大宗的新體詩中相對少見。「偏好萬葉古調」的宇野秋皐喜愛這種古調長歌，卻又能夠欣賞使用七五調乃至自由調的新體詩〔註64〕，可見野山嘉正所說的「擁護新體詩的發展」與「支持長歌體的復活」兩者未必是對立的選項。

　　田村初陣的〈肺病賦〉是《臺灣日日新報》上篇幅最長的新體詩，於1902年9月分三天刊登，全詩共18段，長達216行〔註65〕。詩中，敘述者自述畢業後，原本滿懷希望來到新領土就職，卻患上肺病，不僅被解職、連朋友也都離他而去，詩中綿延不絕地抒發其內心的哀怨之情，令該報的讀者深受感動〔註66〕。從其標題的「賦」來看，篇幅綿長與著重敘事的要素皆來自中國的賦體。宇野秋皐評爲「一篇近來的悲劇佳作，字字皆出自肺腑，句句皆催生涕淚。不得不敬服其修辭的老健」〔註67〕，此處「悲劇」是以英文「tragedy」表記爲片假名。明治期最著名的 tragedy 當屬莎士比亞的詩劇，《新體詩抄》中亦收錄了同段〈哈姆雷特〉兩種版本的譯詩。宇野秋皐以 tragedy 來定位這

〔註63〕 原文：「殊に五七の古調を用ゐたる言はん方なしうれし」。〈應募新體詩　母や待つらん〉，《臺灣日日新報》，1904 年 10 月 27 日。

〔註64〕 如其選刊的〈應募新體詩　小兒〉一詩即爲自由調。〈應募新體詩　小兒〉，《臺灣日日新報》，1904 年 11 月 15 日。

〔註65〕 田村初陣，〈肺病賦〉，《臺灣日日新報》，1902 年 9 月 4 日、9 月 7 日、9 月 11 日。

〔註66〕 同年 12 月，署名「桂子」的女性投稿的〈試讀肺病賦〉，同樣分三天刊出，也是一首 174 行的長詩。此詩抒發她讀〈肺病賦〉的同情與感動，並且談及自己也有因病瀕死的經驗，所以可以體會田村初陣的心境。詩中不僅抒發對於病痛與人生的感觸，亦一再地祝福田村初陣、爲之禱告。可見〈肺病賦〉一詩相當打動這位女性。かつら子，〈肺病の賦を讀みて〉（上、中、下），《臺灣日日新報》，1902 年 12 月 21 日、12 月 23 日、12 月 24 日。

〔註67〕 原文：「一篇近來の好トラゲヂエ、言々肺腑やり出で、句々涕淚生す。修辭の老健亦敬服に堪へたり」。同註58，《臺灣日日新報》，1902 年 9 月 11 日。

首詩，可能是認爲這首詩當中感嘆人生無常、世間無情等主題與莎劇類似之故。以下爲〈肺病賦〉的第二段：

> とぎれぬ咳も心には　雲もかゝらぬ青みそら
> 來む日曜は草山の　竹仔湖の邊に櫻がり。
> 花の一ひら文にこめ　都の友につかはして
> 御代の惠は高砂の　雨露の情も敷島や。
> 大和の櫻咲きつるを　誇らむものと夢みしに
> 日に／＼つのる我病　花のたよりも仇とこそ。

> 咳嗽不止的我　心中仍有一片萬里無雲的青空
> 即將來臨的週日　在草山竹仔湖邊摘取櫻花
> 將一枚花瓣放入信中　寄贈給都城的朋友
> 天皇治世之恩惠遍及高砂　此雨露之情恰似敷島
> 大和之櫻於此盛開　想向世人誇耀這一切　如此的夢啊
> 在我日亦加劇的病中　花信反成了仇怨

詩中「敷島」、「大和之櫻」的意象，來自江戶時代的國學者本居宣長（1730～1801）的著名和歌：

> 敷しまの倭こゝろを人とはば朝日ににほふ山さくら花〔註68〕
> 若問及何謂敷島大和心，朝日下飄香之山櫻花

這是本居宣長在日本流行了兩百多年的代表作〔註69〕。與「大和心」（やまとごころ）相對的詞是「漢心」（からごころ），本居宣長作爲近世國學者，意圖屏除漢學、以研究《古事記》、《源氏物語》等古書來建構日本國學。明治期學者爲了創作專屬於日本的近代詩亦屏除漢詩，理念與之不謀而合。於是明治以下，「大和心」、「大和魂」等詞彙成爲日本民族固有精神的代名詞。新

〔註68〕《本居宣長全集　第十五卷》（東京：筑摩書房，1969 年 6 月），頁 462。
〔註69〕岩田隆，〈宣長のうた〉，《本居宣長全集月報 5》（第 3 卷附錄）（東京：筑摩書房，1969 年 1 月），頁 33。

體詩當中對此一意象的化成，亦是新體詩爲和歌傳統之延續的證據。

另外，「竹仔湖邊的櫻花」此意象亦値得一提。這不是田村初陣的獨創，而是當時殖民地具代表性的新意象。島田謹二在論山田義三郎的和歌時，舉《竹風蘭雨集》中明確描繪此意象的作品爲例：

竹仔湖にさくてふ櫻往て見まく片待てる日を雨ふりやまぬ

去年冬天前往竹仔湖賞櫻，引頸期盼的那天無奈降雨不止

島田謹二指出「竹仔湖（ちくしこ）是台北近郊七里墩山山腰之丘名，植有許多老櫻樹，自古被稱爲山桃花，明治三十四年以來廣爲內地人所知，不久也移植了內地櫻樹過來」〔註70〕，也就是說，竹仔湖因爲植有櫻花的緣故，成爲當時北台灣的熱門景點〔註71〕。島田謹二認爲「竹仔湖」是台灣固有名詞，並不在日本傳統的語彙中，其與「象徵民族精神的櫻花盛開」相結合的結果，使得「竹仔湖櫻花」的意象散發出一種異國情調的氛圍。這使得此首和歌產生了二重的情趣，其一是「竹仔湖之櫻」帶來的神秘感，其二則是受到降雨的妨礙，反而使得賞櫻之心更加熱切的「風雅心」〔註72〕。〈肺病賦〉一詩當中，雖同樣表現了對至竹仔湖賞櫻的期盼，不同的是島田所謂的「詩的熱情」被加上了國家主義的色彩。因爲〈肺病賦〉中，敘述者想去竹仔湖賞櫻的理由並非是單純的風雅，而是希望將花信傳遞至內地，讓朋友知道「天皇治世之恩惠」也已擴及台灣。無奈圍於肺病，竹仔湖賞櫻終究是一個夢想罷了，不能實現此夢使得「花信反成了仇怨」。在病中仍然心心念念著皇國、期望能誇耀國家之恩威，這裡的「詩意」是隨著日本近代詩的建構過程而來的、對於近代國家權力擴張的歌頌。這種歌頌被巧妙地與日本和歌中、以本居宣長爲代表的江戶國學派對日本民族精神的復興結合在一起，成爲明治期國家主義的一部分。

不論是在日本或台灣，新體詩的女性作者都相當缺乏。宇野秋皐兩次選

〔註70〕島田謹二，〈山おくの桜ばな——山田義三郎の歌——〉，《華麗島文學志》（東京：明治書院，1995 年 6 月），頁，頁 215。

〔註71〕關於「竹仔湖櫻花」的發展與其在《臺灣日日新報》上之報導狀況，可參見顏杏如，〈日治時期在臺日人的植櫻與櫻花意象：「內地」風景的發現、移植與櫻花論述〉，《臺灣史研究》14 卷 3 期（2008 年 4 月）。

〔註72〕同註 112，頁 216。

刊女性作品，並在評語中肯定「閨秀文學」的優美〔註73〕，讓讀者得見新體詩中難得的女性視角：

寒さきびしき、きのふけふ	寒冷嚴峻的　昨日今日
つゝがもなくて、ましますか。	你別來無恙否？
『常夏の國』と、世こそいへ、	那裡雖世稱「常夏之國」
年には、冬のなからむや。	一年之中還是會有冬天吧。
大屯山の、朝風に、	大屯山的朝風
淡水河の、夕霧に、	淡水河的夕霧
ひたぶる、心したまひね。	不斷吹拂而來，千萬要小心
冬にはよわき、君なれば。	不耐冬天的你啊。

思ひて堪へぬ、閨のうち、	不堪思念，於閨中
瓶（へい）なる花を、ながめつゝ、	反覆觀看瓶中之花
ひとりわびたる、折しもぞ、	正當我獨自沉浸其中時
『高砂島は、時じくに、	風聞如此傳言：
妙なる薔薇（ばら）の、咲く國！』と、	「高砂島是不論何時
すきもる風の、つてに聞く。	皆盛開著奇妙薔薇的國家！」
針ある花を、心なく、	雖然不認為你會輕率地
手折らむ君とは、思はねど…	攀折那帶刺之花……

君よ。　みかどの、　にめぐみに、	你唷。　在天皇的聖恩下
むくいまつりて、國の爲め、	為國家報酬奉獻
御身を、せらにいつくしみ、	您受其切膚的愛護
おほやけ事を、なしをへて、	商討國家大事
新高山の、高き名の、	雙肩挑起與新高山的盛名
ほまれを、双（さう）の肩にたひ、	同樣高的榮譽
東（あづま）に、かへりたまへかし。	將這御賜的榮譽帶回東鄉。

〔註73〕　〈肺病の賦を讀みて〉（下），《臺灣日日新報》，1902 年 12 月 24 日；〈閨の思〉，《臺灣日日新報》，1903 年 3 月 5 日。

此為〈閨思〉（閨の思）中的四至六段〔註74〕。從形式上來說，此詩的分段與特殊排列、頻繁使用句讀，並在主要的七五調中偶爾轉為四八調，可見受到當時新體詩試作風潮的影響。詩中的「朝風」、「夕霧」、「御身」（古語中第二人稱）等詞則為日本傳統韻文中經常使用的詞彙，語言也相當古雅難解。「大屯山」、「淡水河」、「高砂島」、「新高山」等地名則是台灣成為殖民地才開始入詩的新詞彙。於此也可看到新體詩中新舊詞語交雜的情形。

宇野秋皐在附記中說明此詩的信封郵戳上寫著「牛込」〔註75〕，可見是從東京捎來的作品。從歌的內容推論，此詩作者為在台任官之人的妻子。全詩以夜深人靜的汽笛聲寫起，突顯敘述者的形單影隻，並帶出丈夫人在高砂島，與自己山海相隔的情形。其後展開敘述者的各種閨中思慮，包括感嘆兩人無法在夢中心靈相通、擔憂丈夫在台灣的狀況、讚頌天皇的恩典，最後再以呼應開頭的汽笛聲作結。

上引的四至六段，是此詩起伏最劇烈的部分，記述了敘述者從灰暗到明朗的心境轉折。第四段，敘述者因未到過台灣，暗自想像台灣的氣候狀況，並擔心丈夫會受寒。從大屯山、淡水河這兩個記號，可以知道其夫是在北部任官，且可能離全島權力中心相當接近。第五段表達了妻子獨守空閨的憂慮：「高砂島是不論何時／皆盛開著奇妙薔薇的國家！」這個句子所透露的訊息值得探究。乍看之下，雖只是在敘述台灣特殊的風土狀況，但敘述者的目的是藉「薔薇」的隱喻來暗示作妻子的擔憂，擔心外地女子會引誘自己的丈夫出軌。從這樣的敘述中，可以觀察內地（日本）向外地（高砂島）所投射出的視線。這種視線將外地女性他者化，由「奇妙薔薇」、「帶刺之花」等詞，可以看到外地女性被認識為奇異、神秘、危險……種種特質，且帶有內地人難以消化的異國情調（一方面極具吸引力，另一方面又意味著恐怖與傷害）。而在這充滿個人性的憂思抒發後，第六段敘述者突然話鋒一轉，言及丈夫是接受了天皇的聖恩、為了報效國家才引渡到外地。全詩走筆至此，對國家的忠誠戰勝了個人的小情小愛，之前的憂慮瞬間一掃而空。這樣的內容在前後文當中顯得突兀，似乎只是生硬地植入歌功頌德的文字而已。前文典雅而有餘韻的和歌情趣在此段中顯得特別薄弱。這樣的寫法似乎再次暗示新體詩（或改良長歌）中國家主義的戰勝，呈現出新體詩與國家之間密不可分

〔註74〕むらさき女，〈閨の思〉，《臺灣日日新報》，1903 年 3 月 5 日。全詩共七段。
〔註75〕位於今東京都新宿區。

的關係。

（二）作為「唱歌」的新體詩

《臺灣日日新報》的新體詩當中，「唱歌」的數量相當多。若將軍歌調的作品一併納入計算，幾乎佔有台灣明治期新體詩的一半數量〔註76〕。「唱歌」二字是日文中「歌曲」之意，也是日本舊制學校的一個科目名稱，「唱歌」科的教材內容也被稱作「唱歌」〔註77〕。本節當中所討論的「唱歌」二字即指以這些教材為首，所被創作出來的歌詞〔註78〕。「唱歌」在初等教育中的重要性是由伊澤修二所提出的。伊澤修二是明治期留學美國的教育家，在音樂教育上尤有建樹。基於「透過德育唱歌近代化」的主張，提倡以唱歌教育來培養近代國家國民〔註79〕。伊澤修二編纂的《小學唱歌集》初編於1881年刊行〔註80〕，比《新體詩抄》早了一年。《新體詩抄》以翻譯西洋詩為手段，《小學唱歌集》則是導入西洋歌曲、改良傳統歌曲，將近代的感覺帶入「唱歌」中。其中，約有半數是採用外國的曲詞（歌詞部分並非直接翻譯，而是根據教育目的作修改），其他或將既有的曲加上新詞、或將既有的詞加上新曲，新曲是基於西洋音樂的音階、拍子和長調、短調的旋律形式創作而成〔註81〕。將西洋音樂導入的結果，使得「唱歌」的歌詞帶來了嶄新的感受，或為了符合音樂的要求而脫離了七五調。

《小學唱歌集》在日本文學史中的地位並不像《新體詩抄》那樣被強調。原因是所謂的「唱歌」通常被歸類在音樂教育的領域。在明治文明開化的混亂時期，歌詞與詩的界限模糊曖昧，因此，處與「中間領域」位置的《小學唱歌集》成為難以評價的作品。野山嘉正指出了這一點，並認為：「至今為止，

〔註76〕 參見本論文附錄一。

〔註77〕 三省堂スーパー大辞林3.0，2006年10月。

〔註78〕 雖然如此，「唱歌」的歌詞部分是否真的能夠割離音樂來談論，仍是懸而未決的問題。該歌詞所呈現的語言樣態勢必無法擺脫其曲調的要素。針對歌詞部分談論只能說是權宜之計。採用「唱歌」二字，無疑地仍然存有歌曲和歌詞兩方面的要素。

〔註79〕 奧中康人，《国家と音楽——伊澤修二がめざした日本近代》（東京：春秋社，2008年3月），頁190。

〔註80〕 《小學唱歌集》初編刊於1881年、第二編刊於1883年、第三編刊於1884年，1887年則刊行《幼稚園唱歌集》。接著，1892至1893年又刊行了《小學唱歌》第一卷到第六卷。編者皆為伊澤修二。

〔註81〕 阿毛久芳，〈西欧の形式と日本の言葉〉，和田博文編，《近現代詩を学ぶ人のために》（京都：世界思想社，1998年4月），頁13。

從詩史的側面將西洋音樂導入此事切離，而一味讚揚開化的芳香，是脫離現實的」〔註82〕，「《唱歌集》的語言是沿著新體詩史的動向、擔任加以補強的角色」〔註83〕，換句話說，「唱歌」與「新體詩」於日本近代詩成立的過程中是相輔相成、無法切割的。《小學唱歌集》應與《新體詩抄》齊量等觀，同作爲日本近代詩的肇端之一。

阿毛久芳以「作爲唱歌的詩」來定位《小學唱歌集》中的歌詞，他提到一個值得注意的現象：「以西洋翻譯詩與創作詩結成的《新體詩抄》，以及與之相對的，並非翻譯原詞而是基於國家主義的德育主張而填上歌詞的《小學唱歌集》，乍看之下大異其趣，細看內容，兩者之間的藩籬卻意外的低」〔註84〕。譬如說《新體詩抄》中〈布魯姆菲爾德氏兵士歸鄉之詩〉、〈卡姆普貝爾氏英國海軍之詩〉、〈丁尼生氏輕騎隊進擊之詩〉等與戰爭相關的詩，與《小學唱歌集》中〈古戰場〉、〈招魂祭〉等歌中，同樣有爲戰爭捨棄性命、名垂不朽的套句，亦或〈莎爾‧多雷亞氏春之詩〉、〈春夏秋冬〉此類吟詠自然的詩，與《小學唱歌集》中歌頌春天的詩同樣存在類似的規範性〔註85〕。這樣的相似性並非偶然，只要將伊澤修二、外山正一、矢田部良吉、井上哲次郎等人名並置，不難察覺他們都同樣是明治期肯定文明開化、受西方進化論影響、關心近代國家建設的學者，因此在寫作新體詩／唱歌時的著眼處必然會呈現出他們共同關心的面向。

奧中康人考察伊澤修二以德育爲主的唱歌，是基於其對「國家有機體說」的支持。國家有機體認爲國民是國家的細胞。作爲國民，每個人都是日本國家所構成的一部分，因此，伊澤修二在《小學唱歌集》所提倡「忠君愛國」的道德、「德性的涵養」，皆是爲了透過音樂教育，使國民將個人利益提升至國家利益的層次〔註86〕。這一點從《小學唱歌集》中許多讚頌天皇、歌詠軍士的內容即可得到驗證。除了上述的思想面向外，伊澤修二對唱歌的提倡還基於他對「正確的日本語發音」的重視。唱歌教育有助於奠定日本語的標準

〔註82〕野山嘉正，《日本近代詩歌史》（東京：東京大學出版会，1985年11月），頁38。
〔註83〕同前註，頁52。
〔註84〕同註81，頁16～17。
〔註85〕同註81，頁21。
〔註86〕奧中康人，《国家と音楽——伊澤修二がめざした日本近代》（東京：春秋社，2008年3月），頁206。

語言的發音基礎〔註87〕，從這一點可以看出「唱歌」在語言面向上亦支持著日本近代國家的統一與建構。

　　伊澤修二的「唱歌」所具備的國家主義性格，在《臺灣日日新報》上被發揮得淋漓盡致。因應慶典所創作的唱歌，舉凡恭賀1900年皇太子婚事的〈奉祝御慶事〉〔註88〕、紀念每年6月17日台灣「始政紀念式」的〈始政紀念式唱歌〉、〈本島始政紀念式唱歌〉、爲台灣神社而作的〈臺灣神社鎮座式唱歌〉等〔註89〕，內容皆同聲歌頌皇國的威光。像這樣讚美天皇治世的唱歌，與《小學唱歌集》中的〈皇御國〉、〈榮行御代〉（栄行く御代）、〈五日之風〉（五日の風）、〈天津日嗣〉、〈太平之曲〉（太平の曲）等作品內容相當類似〔註90〕，亦存在相近的套語，不同的只是將歌頌天皇千代萬代的威光，從日本國轉移到高砂島上，或者將文明開化的雨露從富士山播灑到新高山上。值得一提的是，日本著名歌人佐佐木信綱也在《臺灣日日新報》上發表了〈宮之功績〉（宮のいさを）、〈吾等之島〉（われらの島）兩首唱歌〔註91〕，描寫征討台灣的近衛兵的英勇，將拿下台灣的功績歸於來台戰死的北白川宮能久親王，並歌詠皇國的威澤。這兩篇作品中反覆歌詠的「皇國」，囊括了能久親王所在的台灣。受到天皇恩惠雨露的台灣島上的人民，同樣是日本的「國民」。由此可見，這批唱歌作品所服膺的國家主義已悄悄從帝國擴張至殖民地，積極展現了所謂的「國民的道德」。

　　《臺灣日日新報》的唱歌作品中，有兩位赫赫有名的作者。一是台灣第一任總督樺山資紀，二是日治時期最著名的總督府民政長官後藤新平。擔任要職的兩人所寫出的同樣是在國家主義的延長線上的作品，且將台灣納入近代國家視野的企圖更加鮮明。樺山資紀的〈親王萬歲〉描寫了「平定台灣」

〔註87〕同前註，頁230。

〔註88〕1900年的皇太子即爲後來的大正天皇。當年2月11日在《臺灣日日新報》上即刊登〈東宮殿下御慶事御發表〉消息，後來婚事是在5月10日完成，報上刊登相當多的祝賀及報導。

〔註89〕磊山生，〈奉祝御慶事〉，《臺灣日日新報》，1900年5月10日。柴田貞行，〈始政紀念式唱歌〉，《臺灣日日新報》，1901年6月5日。高崎御歌所長，〈臺灣神社鎮座式唱歌〉，《臺灣日日新報》，1901年10月15日。總督府國語學校，〈本島始政紀念式唱歌〉，《臺灣日日新報》，1903年6月17日。

〔註90〕皆收錄於《小學唱歌集　第二編》中。

〔註91〕佐佐木信綱，〈宮のいさを〉、〈われらの島〉，《臺灣日日新報》，1901年10月27日。

的整個過程〔註92〕：

親王萬歲／樺山資紀	親王萬歲／樺山資紀

頃は五月の末つかた	時節已是五月之末
我が皇國の新領地	我皇國的新領地
臺灣島の土民兵	臺灣島的土民兵
無智の喀家と共和黨	不智的客家與共和黨
黒旗と共に反旗せり	與黑旗共同造反
その征討は近衛兵	征討他們的是近衛兵

基隆臺北平定し	平定基隆臺北
金をも鑠かす炎熱に	在黃金也燃燒的炎熱中
大料崁山踏渡り	踏過大料崁山
匪徒の巢窟覆し	勦覆匪徒的巢窟
尖筆山の大敵も	尖筆山的大敵也
思ひの外に敗走す	意外敗走

後壠苗栗打破り	攻破後壠苗栗
攻行く近衛の勇しさ	進攻的近衛之勇猛
要害固き八卦山	一舉便佔領了
一舉忽まち占領す	堅固的要塞八卦山
臺灣彰化陷りて	陷落臺灣彰化
敗兵尾撃は愉快なり	痛快地予敗兵最後一擊

川深けれど船もなく	河深卻無船隻
秋高けれど馬肥えず	秋高而馬不肥

〔註92〕〈樺山大將自作唱歌〉，《臺灣日日新報》，1901 年 10 月 27 日。此處的文字形
式是依照報上所刊之原樣排列，唯為符合本論文閱讀方向將直排改為橫排。

再び南進嘉義を取り　　　　　　　繼續南進取下嘉義

第四旅團と聯合し　　　　　　　　聯合第四旅團

鳳山よりは第二師團　　　　　　　與鳳山來的第二師團

海と陸とのはさみ撃　　　　　　　從海陸雙方夾撃

敵は木の葉と散亂れ　　　　　　　敵人敗走如落葉零亂

劉永福は逃走す　　　　　　　　　劉永福落荒而逃

光かゞやく日の本の　　　　　　　光輝燦爛的日本國

譽れは高き近衛兵　　　　　　　　榮譽至高的近衛兵

高砂島の千代八千代　　　　　　　高砂島之千代八千代

能久親王萬々歳　　　　　　　　　能久親王萬萬歲

此作刊出時，該報編輯所下的標題爲「樺山大將自作唱歌」，並記述「臺南包圍攻擊計畫既成」之時，樺山總督親自創作唱歌，在天長節慶祝活動中發表此歌曲慰勞諸軍〔註93〕。由這段記錄可知，此作是在 1895 年 11 月 3 日公開發表〔註94〕，創作時間應是乙未戰爭中台南大會戰甫結束、全台近乎被日本軍隊「平定」之時。全詩總共五段，依照時間順序記述了 1895 年乙未戰爭的各個重要階段。

　　第一段中，「五月之末」指日本近衛軍於 5 月 29 日登陸澳底，準備接受台灣這個新領地，但一路上受到「土民兵」（一般民眾集結成的民兵）、「喀家」（客家族群）、「共和黨」（台灣民主國的軍隊）、「黑旗」（吳彭年、劉永福率領的黑旗軍）等各方人馬的抵抗。全詩以此爲開端，可以看出是以北白川宮能久親王率領的近衛軍團爲視角出發的。該軍隊抵達澳底後，一路由北往南前進。第二段描寫了近衛軍「平定基隆台北」之後，在桃園大料崁山和苗栗尖筆山所經歷的戰役。事實上，6 月 17 日樺山在台北舉行「始政紀念式」後，近衛軍雖於 6 月 22 日佔領新竹，之後卻陷入苦戰。《臺灣統治志》描寫近衛軍不只在桃園「大姑陷」陷入重圍〔註95〕、新竹地方「頑冥猛獰」的客家人

〔註93〕同前註。
〔註94〕「天長節」指日本天皇的生日。明治期的天長節是每年的 11 月 3 日。
〔註95〕「大姑陷」、「大料崁」皆爲桃園大溪的舊稱。

也激烈反抗〔註96〕，再加上苗栗尖筆山的軍隊佔有優勢，阻擋了近衛軍南下的路線。戰況膠著的情況下，近衛軍在桃竹苗一帶苦戰了兩個月，才於 8 月 15 日佔領苗栗。8 月 26 日，近衛軍進入彰化，又在八卦山發生「近衛軍團進入臺灣以來的大戰」〔註97〕，此爲第三段所描寫的八卦山之役。守在八卦山的黑旗軍，利用砲臺與近衛軍對峙。經過一番激戰後，8 月 28 近衛軍佔領彰化。而後，近衛軍在雲林、嘉義的戰役雖傷亡不多，但南進過程中因「麻拉亞病」（瘧疾）死去的人激增，使得「一個中隊尚健全的人僅僅不過三四十名」〔註98〕，所以第四段才會描寫近衛軍與來自日本的增援軍會合之情形。南下的近衛軍團，聯合了伏見宮貞愛親王所帶領的混成「第四旅團」，還有利用海路從坊寮登陸、自鳳山北上的乃木希典帶領的「第二師團」，三方包圍台南，形成夾擊的情勢〔註99〕。於是，結果如第五段所述，劉永福逃至廈門，10 月 21 日台南被日軍佔領。10 月 26 日樺山資紀至台南巡視，11 月 18 日向中央報告全島已全部平定〔註100〕。

　　由於樺山資紀未隨近衛軍南下，詩中的戰況描寫應是根據各地傳來的捷報所追述。層層排列的形式表現出軍隊節節勝利的樣態。詩中跟隨近衛軍的動線，自基隆台北、至桃園苗栗，再與嘉義、鳳山的援軍會合。突顯地點一個接著一個拿下的過程，採取了一種居高臨下的視線。隨著這些地區一個個被平定，台灣這個新領土也一段段被皇國收編。從結尾的「光輝燦爛的日本國／榮譽至高的近衛兵／高砂島之千代八千代／能久親王萬萬歲」等句，可以看到平定完成的高砂島已眞正被納入光輝日本國的一部分，而給予此島千秋萬世的榮耀的，即爲平定高砂島的功臣能久親王與近衛軍團。此詩宣揚日治初期近衛軍的戰功，作爲教育國民與「新國民」的唱歌來說，是在詩歌語言與內容兩方面同時收編了殖民地的作品。

　　〈大國民唱歌〉是 1905 年，後藤新平擔任總督府民政長官任內所發表的作品。長短兩篇的〈大國民唱歌〉與曲譜一起被刊登出來，佔有全版六分之五的篇幅。編輯註記爲後藤新平作詞、佐佐木信綱校閱、田村虎藏作曲。田村虎藏與伊澤修二同樣是推動日本近代唱歌教育的重要人物。其於 1911 至

〔註96〕 竹越與三郎，《臺灣統治志》（東京：博文館，1905 年 9 月），頁 149。
〔註97〕 同前註，頁 150。
〔註98〕 藤崎濟之助，《臺灣全誌》（東京：中文館書店，1928 年 1 月），頁 825。
〔註99〕 同前註，頁 825〜826。
〔註100〕 同前註，頁 840。

1914 年所出版的《尋常小學唱歌》中的歌詞多爲忠君愛國的內容，「這些『忠君愛國』的歌曲集被用來作爲成就官民一體的國民教育的媒體。總之，就伊澤修二以來唱歌教科書啓蒙主義式的『統合』目標來說，將音樂的聲音寄生在詩的語言來運用的企圖已浮上檯面。此處的詩的語言，便是起源於教育敕語的權力話語，並將之召喚回來的語言」〔註101〕。換句話說，《尋常小學唱歌》承繼並且發揚了伊澤修二的理念，將統合過後的國家主義式的語言置入了作爲國民教育教材的唱歌集中。著力於此類教科書的編纂與作曲的田村虎藏，會爲後藤新平作曲是有跡可尋的。以下爲短篇〈大國民唱歌〉之歌詞內容：

大國民唱歌／後藤新平〔註102〕
一　新高山は高けれど　國の御稜威はなほ高し
　　濁水溪はひろけれど　天皇の御惠なほひろし
二　大國民は民衆く　國大なるをいふべしや
　　事大思想を去らずむば　國運いかで進むべき
三　我帝國の尊ときは　天皇仁愛に民忠に
　　人道主義をむねとして　三千年の歷史あり
四　あへて侵さずよその國　しかはあれとも新らしさ
　　領土の民を愛するは　祖國の民にことならず
五　祖國の民ともろともに　わが國體とわが歷史
　　心にしるしつとめつつ　大國民の名をあげよ

大國民唱歌／後藤新平

一　新高山雖高　也不及國家的威嚴高聳

　　濁水溪雖廣　亦不及天皇的恩惠廣大

二　大國民人民眾多　雖說國家勢大

　　若不除去事大思想〔註103〕　國運便無法提昇

三　我帝國之尊即　天皇仁愛人民效忠

〔註101〕坪井秀人，《感覚の近代—声・身体・表象》（名古屋：名古屋大学出版会，2006 年 2 月），頁 290。
〔註102〕〈大國民唱歌〉，《臺灣日日新報》，1905 年 11 月 3 日。
〔註103〕事大思想：以小事大、趨炎附勢的思想。

以人道主義爲宗　　存有三千年歷史

四絕不侵犯其他國家　　即便如此也會

對新領土之民加以愛護　　與祖國之民並無二致

五與所有祖國之民　　對我國體與我歷史銘記於心

盡心盡力　　提昇大國民之名唷

此詩的內容與《尋常小學唱歌》中的歌曲比起來，其「忠君愛國」、「官民一體」的意圖更赤裸得多。拿「新高山」與「濁水溪」和君國的恩威相比，對身處台灣的讀者應有切身之感。長篇〈大國民唱歌〉也談到新版圖的建設成功、縱貫鐵路之鋪設有成等內容，更突顯了皇國對台灣的「恩惠廣大」。第二段中談到日本作爲一個近代國家，必須要「除去事大思想」才能提升國運。所謂的「大」暗指西方列強。詩中決心不再向這些國家靠攏、獨自成爲一個強國，口吻中充滿了日本也已擠身「大國」的自信。這種自信可以想見是來自於當時日本在日俄戰爭中甫打勝仗的喜悅。接著，第三段從天皇之「仁」與人民之「忠」來建構出一個源遠流長的「人道主義」國家的圖景。對於擁有台灣這個殖民地的事實，第四段也提出了解釋，強調皇國對新領土人民的愛護。這是天皇的「仁」的擴展，所以對於這樣的仁，新領土的人民也應該以「忠」回應：「對我國體與我歷史銘記於心／盡心盡力／提昇大國民之名唷」。如此一來，「大國民」的定義就因爲這一「仁」一「忠」而拓展出去了，「大國民之名」也因而成爲「台灣人民之名」，「與祖國之民並無二致」了。

這與樺山資紀在詩中所透露的，殖民地是靠著武力來收編的邏輯並不相同。此詩是以「人道主義」作爲號召，因爲天皇有仁，人民必然以忠回應，於是共同成就大國民之名。從這裡可以看出從樺山資紀到兒玉‧後藤時代，殖民地的統治語言的變化。後藤新平運用「道德」的語言來將包裝國家主義的內涵。作爲「國民」不僅是領土被劃編至帝國，亦須對「我國體與我歷史銘記於心」。這與〈親王萬歲〉比起來，更是在伊澤修二──田村虎藏的脈絡下所創作出來的作品。在「德性涵養」、「國民鍊成」等方面，顯著地達成了唱歌教育的基本目標。

（三）新體詩的軍歌傳統

同樣作爲歌詞，軍歌的成立比唱歌稍晚，且是依循不同的脈絡發展起來的。雖《小學唱歌集》內也有一些與戰爭相關的詩歌，但《新體詩抄》中外

山正一的〈拔刀隊〉普遍被認爲是日本「軍歌的先驅」。〈拔刀隊〉之所以會
成爲明治期眾所皆知的軍歌，是由於 1885 年法國陸軍軍樂隊教官 Charles
Leroux 爲其作曲，並於日俄戰爭時被一再傳唱〔註104〕。「從歷史的結果來看，
《新體詩抄》的創作詩達成了近代軍歌」〔註105〕。換言之，軍歌和唱歌不同
的是，「唱歌」的歌曲與歌詞從一開始就是以一體的樣貌出現的，作爲「軍歌」
的〈拔刀隊〉卻是在樂曲完成了以後才成爲所謂「軍歌的先驅」。伊澤修二在
一開始便將《小學唱歌集》中的唱歌當作音樂教育的教材來編纂，而外山正
一最初是以新體詩的立場來創作〈拔刀隊〉的。〈拔刀隊〉會成爲最初的軍歌
是以「結果來看」，而非創作者的初衷。所以，日本近代軍歌史非以《新體詩
抄》出版的 1882 年，而是以 1885 年〈拔刀隊〉的歌曲部分完成之時來作爲
開端〔註106〕。

　　以西南戰爭作爲內容的〈拔刀隊〉，全詩皆在肯定巡查隊的兵士們爲君爲
國犧牲生命一事，並強調「大和魂」、「武士的價值」等思想〔註107〕，這在明
治期有其「唱頌國家主義、支持天皇制絕對主義」的意義〔註108〕。日本最初
的軍歌是以西南戰爭爲主題的這件事，本身就值得探究。並非以與外國交鋒，
而是以「內亂平定」爲主題，日本的軍歌從一開始便紀錄了近代國家的建立
與鞏固過程。這種充滿了對內消除異己的國家主義的性格，在面對帝國內部
的殖民地也同樣可以觀察得到。舉《臺灣日日新報》以台灣原住民的爲主題
的「討蕃」軍歌〈迎凱旋〉爲例：

　　　迎凱旋
　　　一醜の奴輩討たんとて　出征ありしは去る　五月
　　　指屈かぞえて早六箇月　勇みて歸る丈夫も
　　　歡び迎ふ吾々も　感慨多き今日ぞかし

〔註104〕澤正宏，《詩の成り立つところ——日本の近代詩、現代詩への接近》（東京：
　　　　翰林書房，2001 年 9 月），頁 18。
〔註105〕同前註。強調記號爲原文所加。
〔註106〕「一八八五年，說起來算是日本軍歌的元年。」辻田眞佐憲，《日本の軍歌：
　　　　国民的音楽の歴史》（東京：幻冬舍，2014 年 7 月），頁 34。
〔註107〕《新體詩抄》，收錄於《明治文学全集 60 明治詩人集 1》，東京：筑摩書房（1972
　　　　年 12 月），頁 13～14。
〔註108〕同註 146。

二忠勇無双の我が隊は　或は粗糧に饑をみたし

或は草露に渇を醫し　彈の霰を身に浴びて

夫れ夫れ任務を遂行し　東西連絡成し遂げき

三さしも頑固のガオガン　手向ふ術の盡き果てゝ

命と賴む彈と銃　殘らず馬前に提供し

千歳變らぬ埋石の　誓を立てゝ降伏す

四戰雲茲に治まりて　輝く武勳擔ひつゝ

歸り來ませる討蕃隊　功績は高きボンボンの

其の名と共に朽ざらむ　萬歲萬歲萬々歲

迎凱旋

一爲了討伐可惡的鼠輩　在五月出征而去

屈指數來匆匆已過六個月　勇敢歸來的大丈夫

與歡喜迎接的我們　今日應是感慨良多

二忠勇無雙的我方軍隊　有的以粗糧充饑

有的以草露解渴　身體沐浴在彈雨之下

個個都完成了任務　亦完成了東西向的聯絡

三那麼頑固的 Gaogang〔註 109〕　再也施不出反抗的手段

性命所仰賴的槍與彈　毫無保留地貢獻於馬前

終於立下千年不變的埋石之誓〔註 110〕　令其降伏

四戰雲至此消失　挑起光輝的武勳

歸來的討蕃隊　其功績與 Bonbon 同高〔註 111〕

名聲共垂不朽　萬歲萬歲萬萬歲

〔註 109〕Gaogang 爲泰雅族中由十七社構成的一個群落，日文表記爲「ガオガン蕃」
　　　　或簡稱「ガオガン」，中文翻譯爲「卡奧灣群」或「雅奧罕群」。本論文以羅
　　　　馬拼音作爲泰雅族語發音之表記。

〔註 110〕「埋石」爲泰雅族的和解儀式。象徵兩方爭執已埋入地下。

〔註 111〕Bonbon 是位於今宜蘭縣大同鄉的山脈。Gaogang 群落的居住地位於大料崁溪
　　　　（今大漢溪）兩岸，爲了往前設置隘勇線，前進隊打算從 Bonbon 方面來攻
　　　　擊 Gaogang。Bonbon 同樣爲泰雅族語發音，日文表記爲「ボンボン」，中文
　　　　翻譯有「梵梵山」、「岡岡山」、「盆盆山」等。

此詩發表於 1910 年 11 月〔註112〕，未標示作者。詩中所描述的日軍與泰雅族
原住民的戰爭，屬於佐久間左馬太主持的「五年理蕃計畫」中之一部分。在
日方編纂的理蕃誌當中被記述為「Gaogang 蕃方面隘勇線前進」〔註113〕或
「Gaogang 蕃膺懲計畫」〔註114〕，泰雅族學者尤巴斯・瓦旦則記述為「卡奧
灣戰役」〔註115〕。時間在 1910 年 5 至 11 月，為期六個月。

　　Gaogang 是泰雅族的群落之一，被日人認為是「如蜿蜒長蛇般蟠踞在大
料崁溪左右兩岸、長久以來攪亂和平之兇蕃」〔註116〕。除長久以來擾亂帝國
之「和平」外，該群落於 1910 年 1 月襲擊九芎湖蕃務官吏駐在所，並殺害其
內的警察、官吏及其家眷，成為此次隘勇線前進行動的近因。「隘勇線」是區
隔原住民生存地域的鐵絲網，「隘勇線前進」指的是將這條區隔線往前設置，
即縮小其生存範圍作為懲罰。執行隘勇線前進任務的軍隊被稱為「宜蘭前進
隊」。《臺灣日日新報》從 5 月 24 日至 11 月 13 日間，經常刊登「宜蘭前進隊
狀況」，報導前進隊的戰情，戰況激烈的時候也會連日發稿報導。〈迎凱旋〉
一詩如同此系列報導的完結篇。詩前說明「十、十一兩日的凱旋隊歡迎會上，
宜蘭公學校的學生所唱的歌曲如左（譜與〈日本陸軍〉相同）」〔註117〕。在
歡迎會中歌唱此歌的是「宜蘭公學校的學生」，可以想見這些學生一邊唱歌，
也同時被歌曲中的意識型態所教育。軍歌與唱歌之間的功能在此被合而為一
了。〈日本陸軍〉是發表於 1904 年 7 月的軍歌〔註118〕。使用已有的曲調，可
以推測是在時間不多的情況下（舉辦歡迎會的同時，宜蘭前進隊也才正要舉
行解隊儀式〔註119〕），為了讓學生能在歡迎會上無礙地唱出，而選擇他們之
前已會的曲子。

　　本詩第一段提示前進隊於五月出征，歷經六個月凱旋而歸。「勇敢歸來

〔註112〕〈迎凱旋〉，《臺灣日日新報》，1910 年 11 月 14 日。
〔註113〕《理蕃誌稿　第三編》（台北：臺灣總督府警務局，1921 年 3 月），頁 547。
〔註114〕《臺北州理蕃誌　舊宜蘭廳》（台北：臺北州警務部，1923 年 3 月），頁
　　　　121。
〔註115〕「卡奧灣戰役──臺灣原住民歷史語言文化大辭典網路版」：http://210.240.
　　　　125.35/citing/citing_content.asp?id=3880&keyword=%E7f%AF%F3。（查閱時
　　　　間：2014 年 8 月 22 日）
〔註116〕《佐久間左馬太》（台北：臺灣救濟團，1932 年 12 月），頁 563。
〔註117〕原文：「十、十一兩日の凱旋隊歡迎會に於いて宜蘭公學校生徒のうたひたる
　　　　唱歌左の如し（譜は日本陸軍に同じ）」。
〔註118〕大和田建樹作詞、深澤登代吉作曲。
〔註119〕宜蘭前進隊的解隊儀式在 5 月 12 日。

的大丈夫」與「可惡的鼠輩」，有如〈拔刀隊〉中「官兵」與「叛軍」的對比〔註 120〕，一開始便將己方師出有名的位置標示出來。而第二段中「身體沐浴在彈雨下」，亦與〈拔刀隊〉中「在槍林彈雨之間　不惜此不二之身」的句子相似〔註 121〕。前進隊的「忠勇無雙」與巡查隊的「為忠義而死」，兩者皆同樣彰顯了作為國民的「忠」字，可以看出他們是依循相同的邏輯來自我定位的。末段寫道「歸來的討蕃隊　功績與 Bonbon 同高」。Bonbon 是此次前進隊作戰的主要根據地，也是 Gaogang 所熟悉的生活範圍，此詩中卻被用來譬喻前進隊的功績。隨著日軍勝仗，以泰雅族語命名的 Bonbon 也被收編進皇國的一部分。由此可見，在近代國家的收編過程中，不止領土，連 Gaogang、Bonbon 這樣的異族語言亦被收編進近代詩當中，成為「新國民」唱歌教育中的一環。

在國家內部的整合、殖民地的收編之外，日本的對外戰爭更少不了軍歌的影子。從甲午戰爭到日俄戰爭時期，或製作新詞新曲、或為新體詩譜曲，大量軍歌被創作、發表，在《臺灣日日新報》的版面上便可觀察到這種現象。1904 年 2 月 8 日，日俄戰爭爆發，2 月 16 日《臺灣日日新報》隨即刊登一首軍歌〈征露之歌〉。其後，報上便接連好幾日登出「日露戰爭文學募集」的徵稿啟示：「詩歌俳句新體詩軍歌俗謠等，將佳調刊登在紙上」。到 8 月為止募集刊登的軍歌有〈征露之歌〉、〈水雷進擊之歌〉、〈征討露軍之歌〉、〈征露軍歌〉、〈驅逐隊〉、〈鴨綠江之進軍〉、〈今樣〉、〈滑稽露國進軍歌〉、〈日本刀〉、〈征露〉、〈征露之歌〉、〈岩崎中尉之新體詩〉等。台灣雖未直接被捲入日俄戰爭，1905 年也曾為了防範俄國鑑隊的突擊而實施戒嚴三個月〔註 122〕。就當時而言，身為皇國的一部分、日本版圖中的一角，台灣隨時都有可能淪為戰場，不可能置身事外。從報上所有包括漢詩、俳句、短歌的文藝作品都進入為戰爭服務的狀況，便可以嗅得此時濃厚的戰爭氛圍。在這些軍歌中，有明顯以台灣為視點來觀看日俄戰爭的作品：

〔註 120〕「吾是官兵、吾敵是天地不容的叛軍」（我は官軍我敵は　天地容れざる朝敵ぞ）。《新體詩抄》，收錄於《明治文学全集 60　明治詩人集 1》，東京：筑摩書房（1972 年 12 月），頁 13。日文「官軍」和「朝敵」兩者為反義詞。「朝敵」指「朝廷的敵人」，即反叛天皇者，故此處翻為「叛軍」。
〔註 121〕原文：「弾丸雨飛の間にも　二つなき身を惜しまずに」。
〔註 122〕栗原純，〈日露戦争と台湾〉，《日露戦争と東アジア世界》（東京：ゆまに書房，2008 年 1 月）。

露軍征討の歌／無殘外史

基隆埠頭の月清く　淡水河邊の水寒し

いでや我等も國の爲　仇なす露西亞を懲さなむ

旭に匂ふ山櫻　大和男子の腕だめし

敵は幾萬あらばあれ　馬蹄の塵と碎かなむ

彈は霰と降らば降れ　鎧の袖に拂はなん

此一太刀を拔く時は　いつまた鞘に收むべき

盟を遙か彼得の　城下に結ばむ時にこそ〔註123〕

征討俄軍之歌／無殘外史

基隆碼頭月色清　淡水河邊河水寒

啊呀，我等爲了國家　懲治仇敵露西亞

朝日下飄香之山櫻　大和男子之試煉

任憑敵人有幾萬之數　都將粉碎成爲馬蹄之塵

任憑子彈如冰霰般降落　都將拂過鎧甲之袖

拔出此一大刀之時　何時可再度入鞘

應在遙遠的彼得之城下〔註124〕　締結盟約之時

此爲無殘外史所作的〈征討俄軍之歌〉（露軍征討の歌）。此時日俄戰爭才剛剛開始，故詩中並未具體描述戰爭情況，而以提高聲勢、歌頌國家作爲其主要內容。此詩的開頭從基隆碼頭、淡水河這兩個地景寫起，有從台灣北部遙望旅順戰場的意味。

詩中「朝日下飄香之山櫻　大和男子之試煉」的句子，再度化用了前揭本居宣長的和歌「若問及何謂敷島大和心，朝日下飄香之山櫻花」。近代日本各場對外戰爭中，這首和歌被一再傳頌，直到二戰期間還被收入《愛國百人一首》中，成爲戰後日本人的共同記憶〔註125〕。綜合了「敷島」「大和心」「朝

〔註123〕無殘外史，〈露軍征討の歌〉，《臺灣日日新報》，1904年2月20日。
〔註124〕指俄國聖彼得堡。
〔註125〕岩田隆，〈宣長のうた〉，《本居宣長全集月報5》（第3卷附錄）（東京：筑摩

日」「山櫻」這些日本意象的和歌，成爲近代日本人精神內涵的一部分。在〈征討俄軍之歌〉中的化用對於當時的讀者而言應該再自然不過。

另外，「任憑敵人有幾萬之數　都將粉碎成爲馬蹄之塵」這一句，則與山田美妙〈戰景大和魂〉一詩中，「敵人有幾萬之數　全都只是烏合之眾」的句子相當類似〔註126〕。〈戰景大和魂〉發表在 1886 年的《新體詞選》中，而後被譜曲爲膾炙人口的軍歌〈敵人有幾萬之數〉，發表於 1891 年的《國民唱歌集》，作曲人爲小山作之助。〈拔刀隊〉和〈敵人有幾萬之數〉被並稱爲「明治初期的二軍歌」〔註127〕。1904 年 2 月，《臺灣教育會雜誌》上刊登一篇小說〈可憐兒〉〔註128〕，內容描寫日俄戰爭爆發時，一個日本警察與原住民女性所生的「蕃仔」，擔心台灣若被俄國人佔領，身爲日本人之子的自己會遭遇不測。老師爲了鼓勵他日本必然會戰勝，用風琴彈奏了〈敵人有幾萬之數〉，「蕃仔」也揚聲唱道：「敵人有幾萬之數　全都只是烏合之眾……」以此作爲小說的收尾。這樣的小說情節，顯示此歌風行的程度，連原住民兒童也能朗朗上口。寫作〈征討露軍之歌〉的無殘外史也必定對此歌不陌生，才會在此詩中寫出相似的句子。順帶一提，太宰治的小說〈十二月八日〉中，描寫太平洋戰爭爆發時，收音機不斷放送軍歌，播到沒歌可播了，「連『敵人有幾萬之數』那種古老到不行的軍歌也拿出來放」〔註129〕，可見這首軍歌一直到二戰時期仍被持續放送，且敘述者聽到也能馬上指認出來。軍歌對於國民的威力可見一斑。

原本因爲戰爭而產生、在戰爭時期用來提振軍人士氣的軍歌，在發展過程中，很快地便與「唱歌」合流，成爲國民音樂教育中的一部分。日俄戰爭期間，《臺灣日日新報》刊出〈關於戰爭的歌曲〉（戰爭に關する唱歌）一文，登出文部省認可的日俄戰爭優秀軍歌作品，以作爲小學校唱歌課的教材參考，並提到「這次的戰爭是對我們第二國民進行國民教育的好機會，可以涵養他們忠君

書房，1969 年 1 月），頁 33。
〔註126〕原文：「敵は幾万ありとても、すべて烏合の勢なるぞ。」《新體詞選》，收錄於《明治文学全集 60 明治詩人集 1》，東京：筑摩書房（1972 年 12 月），頁 27。
〔註127〕塩田良平，《山田美妙研究》（東京：日本図書センター，1989 年 10 月），頁 401。
〔註128〕TK生，〈可憐兒〉，《臺灣教育會雜誌》第 23 號（1904 年 2 月），頁 26～30。
〔註129〕太宰治，〈十二月八日〉，發表於《婦人公論》1942 年 2 月。收錄於《太宰治全集 5》（東京：筑摩書房，1989 年 1 月）。

愛國的特性」〔註130〕。「忠君愛國」本來便是唱歌教育的主要內涵，在戰爭當
中詠唱軍歌正是展現此一內涵的機會。追根究底，軍歌與唱歌的中心思想從一
開始便無隔閡，合流可以說是必然的結果。1909 年，同報的〈軍歌時代〉一文
中，作者談到〈拔刀隊〉「上至政客志士，下至兒童走卒皆琅琅上口」〔註131〕，
小學時跟作者一同唱軍歌的六個同學，五個成爲軍人（一個戰死在二零三高
地，四個還健在）、一個進入銀行，作者則因爲兵學校的體檢不合格才成爲記
者。這是另一個軍歌在國民教育中展現強大影響力的鮮明例證。

五、小　結

　　日本在建立近代國家的過程中，透過近代詩的探索來更新語言、文字，
並逐步建立符合近代國家的文體。最初的嘗試便是明治期「新體詩」的創作。
在此時期成爲日本殖民地的台灣，也被捲入了此建構過程當中。本章透過《臺
灣日日新報》上的新體詩作品，探討來台日人如何使用「新體詩」這個文體
來完成近代詩在形式與內容的更新，並進一步收編台灣於其創作語言當中。
首先，石橋曉夢帶入了最初的新體詩創作與論述，在《臺灣日日新報》上引
發正反面的討論。接著，該報的新體詩創作不斷出現，本章透過三個主題來
探討《臺灣日日新報》的新體詩創作現象。

　　第一，由新體詩與和歌之間的關係，可以瞭解部分歌人是在促進和歌改
革的角度上來肯定新體詩的。在《臺灣日日新報》上選刊許多新體詩的宇野
秋皐亦是如此。從肺病患者的〈肺病賦〉和官員之妻的〈閨思〉兩首詩中，
可以找到許多和歌的要素，及結合傳統和歌中的日本精神，藉之歌頌近代國
家與天皇的部分。第二，從伊澤修二《小學唱歌集》以來，「唱歌」即爲新體
詩的一種可能形式。具有歌詞與歌曲的唱歌，在音樂教育中須以「德性涵養」
作爲第一目標。台灣總督府的樺山資紀與後藤新平所創作的唱歌作品，都是
在此原則下創作，並在歌詞當中將台灣土地、人民加以收編。第三，外山正
一〈拔刀隊〉是近代軍歌的濫觴，以西南戰爭爲主題，並強調軍隊對國家、
天皇的忠誠。以討伐台灣原住民爲主題的軍歌〈迎凱旋〉，與〈拔刀隊〉有著
近似的內涵。日俄戰爭期間《臺灣日日新報》出現大量軍歌，〈征討俄軍之歌〉
是其中以台灣爲觀看視角的作品，與山田美妙的著名軍歌〈戰景大和魂〉亦

〔註130〕　〈戰爭に關する唱歌〉，《臺灣日日新報》，1904 年 9 月 6 日。
〔註131〕　蒼老泉，〈軍歌時代〉，《臺灣日日新報》，1909 年 3 月 14 日。

有異曲同工之妙。

　　從這些新體詩作品來看，新體詩由日本傳入台灣的同時，亦把新領地的特色放入了新體詩，使得在台灣的新體詩成爲了異於日本內地，從語言上收編了新領地的全新文體。不只是「竹仔湖」、「大屯山」、「淡水河」這些未曾出現在日本新體詩中的詞彙，連「Gaogang」、「Bonbon」這樣的原住民語言也同時被收編。另一方面，在收編新領地／新語言的同時，詩中對於「天皇」、「大和」、「日本國」的輸誠沒有一刻鬆懈，不論何種主題或情緒的內容，到最後皆會與皇國連結在一起。由此可見，處於帝國邊陲的台灣，創作者在詩中將自我與帝國中心相互連結的努力，似乎比日本內地文壇還要更加積極不懈。

第三章　從新體詩到口語自由詩：大正期日本近代詩在台灣（1912～1926）

一、從《新體詩抄》到民眾詩派：日本近代詩的一大系譜

　　通過明治期新體詩的摸索，日本近代詩的語言還沒有達到完成。這與日本近代詩中作爲「國民語」的「日本語」仍未完成有關。酒井直樹指出「日本語」誕生的特性在於追求「非書面語，而是作爲發話行爲的會話水準」〔註1〕。也就是強調語言的「音聲」面向。坪井秀人認爲「近代詩的歷史就是在這種音聲性與〈書寫〉（書記性）之中，像鐘擺般持續搖擺的歷史」〔註2〕。其結果，便是追求詩的「言文一致」〔註3〕。

　　言文一致先是在小說領域被實踐，至明治末期擴展到近代詩領域。1907年川路柳虹的〈垃圾堆〉（塵溜）被稱爲劃時代的「純然言文一致的詩」〔註4〕。

〔註1〕酒井直樹，《死産される日本語・日本人：「日本」の歷史——地政的配置》（東京：新曜社，1996年5月），頁192。

〔註2〕坪井秀人，《声の祝祭——日本近代詩と戰爭》（愛知：名古屋大学出版会，1997年8月），頁19。

〔註3〕「言文一致：指書寫語言趨向於說話語言。明治以後，發展爲所謂的言文一致運動。在文學方面，以二葉亭四迷、山田美妙、尾崎紅葉等人的嘗試爲契機，直至寫生文・自然主義文學，新的近代性文體遂告完成。」犬養廉、神保五彌、淺井清監修，《詳解日本文学史》（東京：桐原書店，1986年1月），頁126。

〔註4〕服部嘉香，〈言文一致の詩〉，原發表於《詩人》第4號（1907年10月），此

這種對言文一致的追求，來自對文語定型的新體詩的厭倦，並結合了當時文
壇自然主義的風潮，在大正期掀起了口語自由詩運動。其後，口語自由詩運
動的中心人物們結成具有相當勢力的民眾詩派。坪井秀人在《聲之祭典》（声
の祝祭）一書中，明白指出民眾詩派與《新體詩抄》系出同源。兩者皆以音
聲中心主義爲出發，不只關心國語的改良，也關心「國民」讀者共同體的建
構〔註5〕。此系譜以新體詩的嘗試爲開端，到口語自由詩運動的成立、散文化
的民眾詩的流行，形成了橫跨三十年以上的「新體詩─自然主義─民眾詩派」
大系譜〔註6〕。由此系譜來看，日本近代詩對國民語建構之關心，在最初的《新
體詩抄》便奠定了基礎，並自明治期一直延續到大正期。透過言文一致及口
語自由詩運動，日本近代詩的語言在大正期終告完成。

　　坪井秀人所提出的這個系譜，不只呈現出日本詩壇的走向，也可用來考
察殖民地台灣的詩作狀況。大正期風起雲湧的口語自由詩運動，也影響了殖
民地台灣。其聲勢之龐大，遠遠超過明治期的新體詩運動。《臺灣日日新報》
上急速增加的口語自由詩，在大正期結束之前累計超過一千首。令人驚訝的
是，如此數量龐大的詩作並未受到前行研究的關注，其中的作者包括最早在
台灣出版詩集的後藤大治、後來執台灣詩壇之牛耳的西川滿、出身台灣的童
謠詩人莊傳沛、出版詩集《荊棘之道》的王白淵等〔註7〕。這些詩人受到日本
近代詩何種影響、在何種潮流之中出現，大正期的這批作品應能提供某些新
線索。相較於被前行研究多所討論的昭和期詩作，這些尚在摸索並一步步跟
隨日本詩壇的大正期詩作，如何在台灣逐漸建立口語自由詩的新語言，爲本
章所要關注的首要課題。從《臺灣日日新報》可以看到，發表在台灣的口語
自由詩敏感並持續地對日本詩壇的動向作出反應。在建立那些以「國民」讀
者共同體爲對象的詩語時，亦不忘將殖民地台灣放入視野中，成爲殖民地「新
國民」摸索近代詩語的過程中最早的範本。這可以視爲上述日本近代詩大系
譜的延續，亦可以看出是該系譜分出的新支，展現了初期台灣日文新詩走向
口語化的過程。

處轉引自和田博文編，《近現代詩を学ぶ人のために》（京都：世界思想社，
　1998 年 4 月），頁 64。
〔註 5〕同註 2，頁 18。
〔註 6〕同註 2，頁 27。
〔註 7〕出身台灣的詩人，將於第四章討論。

二、「口語自由詩」的出現及發展

本節將先說明「口語自由詩」的成立及定義，並爬梳大正期日本近代詩的發展狀況，以便釐清此時期日本近代詩的脈絡。接著由大正期的《臺灣日日新報》上的詩作，縱觀當時近代詩傳入殖民地台灣的整體狀況，呈現其與日本內地詩壇的承繼關係。

（一）大正期日本近代詩的走向

明治末期，日本近代詩基本上仍然延續《新體詩抄》的文語定型詩型態。上田敏《海潮音》將法國象徵主義介紹入日本後，象徵詩人薄田泣菫、蒲原有明將明治期新體詩推到頂峰〔註8〕。因為不滿此種僵硬的詩歌形式，島村抱月、相馬御風、岩野泡鳴等詩人提出詩壇應以自然主義改革、走向言文一致等主張〔註9〕，川路柳虹敏感地抓住了此時詩壇的動向，以口語寫出包括〈垃圾堆〉在內的「新詩四章」，發表於 1907 年 9 月的《詩人》雜誌，成為口語自由詩的先趨。〈垃圾堆〉一詩內容如下：

塵溜／川路柳虹〔註10〕　　　　　　　垃圾堆／川路柳虹

隣の家の穀倉の裏手に　　　　　　　鄰家穀倉的後面
臭い塵溜が蒸されたにほひ、　　　　臭垃圾堆所散發的氣味、
塵塚のうちにはこもる　　　　　　　籠罩在垃圾堆裡

〔註8〕上田敏（1874～1916）在 1905 年編譯了以西歐象徵派及高踏派為主的《海潮音》譯詩集，將西洋象徵詩的韻律移入了日本近代詩。其後，薄田泣菫（1877～1945）以古語寫出了古典情懷的象徵詩集《白羊宮》（1906 年）；蒲原有明（1876～1952）則描寫近代人複雜的心理，以詩集《有明集》（1908 年）到達了明治新體詩的頂點。犬養廉、神保五彌、淺井清監修，《詳解日本文學史》（東京：桐原書店，1986 年 1 月），頁 185。

〔註9〕島村抱月（1871～1918）在 1906 年 6 月的〈一夕文話〉中首先論及日本將來的詩應該走向言文一致的觀點；相馬御風（1883～1950）於 1907 年 2 月的〈詩壇時評〉中提到詩壇應該融合「近代象徵詩的作風」和「自然派的傾向」的兩股潮流來創作；岩野泡鳴（1873～1920）則於 1907 年 4 月發表〈自然主義的表象詩論〉一文，認為現代人應以嶄新的語法、技巧、韻律來寫詩。池川敬司，〈文語定型詩から口語自由詩へ〉，和田博文編，《近現代詩を学ぶ人のために》（京都：世界思想社，1998 年 4 月），頁 62。

〔註10〕《明治詩人集（二）》（東京：筑摩書房，1975 年 8 月），頁 341。〈塵溜〉在 1910 年收入詩集《路傍之花》（路傍の花）時改題為〈塵塚〉。假名標音同樣為「はきだめ」，垃圾堆之意。川路柳虹（1888～1959）發表此詩時不到二十歲。

いろ／＼の芥の臭み、
梅雨晴れの夕をながれ漂つて
空はかつかと爛れてる。

塵溜の中には動く稲の蟲、浮蛾の
卵、
また土を食む蚯蚓らが頭を擡げ、
德利壜の欠片や紙の切れはしが腐れ
蒸されて
小さい蚊は喚きながらに飛んでゆく。

そこにも絶えぬ苦しみの世界があつて
呻くもの死するもの、秒刻に
かぎりも知れぬ生命の苦悶を現し、
闘つてゆく悲哀がさもあるらしく、
をり／＼は悪臭にまじる蟲螻が
種々のをたけび、泣聲もきかれる。
その泣聲はどこまでも強い力で
重い空氣を顫はして、また軋て、
暗くなる夕の底に消え沈む。
惨しい「運命」はたゞ悲しく
いく日いく夜もこゝにきて手辛く襲ふ。
塵溜の重い悲みを訴へて
蚊は群つてまた喚く。

各種垃圾的臭味、
在梅雨放晴後的黃昏飄散
在空中旺盛地糜爛。

垃圾堆中蠕動的米蟲、葉蟬〔註11〕
的卵、
還有食土蚯蚓們抬起頭來
酒瓶〔註12〕的碎片與紙屑腐爛而
蒸騰
小小的蚊子嗡叫著起飛。

那裡是苦難不絕的世界
呻吟者、死者、在每分每秒
展現無止無盡的生命苦悶
像是有著必須奮鬥下去的悲哀
可以聽見不時混在惡臭中，螻蟻的
各種吼叫、哭聲。
那個哭聲非常強而有力地
振動著沉重的空氣、又迅速地
消失陷入黑暗的黃昏之底。
悽慘的「命運」只是悲哀地
日日夜夜殘酷地襲來。
訴說著垃圾堆沉重的悲傷
蚊群仍舊嗡叫著。

〔註11〕 此處原文「浮蛾」假名標音「うかん」，爲一種專吃稻穀的害蟲，漢字一般寫
　　　　爲「浮塵子」。學名「Cicadellidae」，中文譯爲葉蟬科。
〔註12〕 日文漢字「德利壜」指瓶口細長、瓶身膨大的一種容器，多用來盛裝日本酒。
　　　　故此處譯爲「酒瓶」。

此詩被視爲文語定型詩轉向口語自由詩的一個紀念碑〔註13〕。形式上，被譽爲「純然言文一致的詩」；內容上，則以自然主義的手法，寫出日常生活中骯髒、猥瑣的醜陋面。這樣的破格之作引來正反兩方的評價，但阻擋不了口語自由詩的洶洶來勢。最早提倡言文一致的詩的「早稻田詩社」、發行《詩人》雜誌的「詩草社」、由解散後的早稻田詩社成員結成的「自由詩社」，以上詩社成員持續生產出口語自由詩的創作及理論，使得口語自由詩運動蔚爲風潮，揭開了大正詩的序幕〔註14〕。這些打破文語定型的「言文一致的詩」或「口語體的詩」被稱作「口語詩」或「自由詩」，兩個詞經常被交替使用。在口語詩、自由詩的概念普遍化之後不久，便統一爲「口語自由詩」一詞〔註15〕。

　　口語詩人相馬御風在批判走入胡同的薄田泣菫、蒲原有明的象徵詩時，認爲「若無法更加貼近自己的生活方式、直接而大膽地表現出從心底湧出的感情，新體詩就無法表現出時代精神、也不可能成爲國民詩」〔註16〕，藉以提出口語自由詩的必要性。由此可知，口語自由詩是在「國民詩」的建構目標下展開的。作爲口語自由詩先鋒的川路柳虹，之後投入民眾詩派、成爲詩話會的中心人物之一，可以看出口語自由詩與作爲「國民」的「民眾」之間密不可分的關係。

　　1916 年到大正末年是民眾詩派最爲繁榮的期間。在詩史上被認爲爲日本近代詩帶來了口語詩及社會性的滲透〔註17〕。在川路柳虹的奔走之下，日本最具代表性的詩人都集結到了民眾詩派的大本營「詩話會」之下，雖然因爲理念的不同而很快分裂，但這是日本詩壇難得的一次「大同團結」，大正期也被認爲是日本近代詩史上相當充實的時期，分裂以後的詩話會成員們，分別走向「感情」、「民眾」、「白樺」及「其他」四個派別〔註18〕。其中，從詩話會出走的北原白秋，強烈批判民眾詩的散文化，質疑民眾派代表詩人白鳥省

〔註13〕 池川敬司，〈文語定型詩から口語自由詩へ〉，和田博文編，《近現代詩を学ぶ人のために》（京都：世界思想社，1998 年 4 月），頁 62。

〔註14〕 同前註，頁 67～70。

〔註15〕 同前註，頁 67。

〔註16〕 大塚常樹，〈大正時代のヒューマニズン〉，和田博文編，《近現代詩を学ぶ人のために》（京都：世界思想社，1998 年 4 月），頁 81。

〔註17〕 信時哲郎，〈民衆詩派とその周縁〉，和田博文編，《近現代詩を学ぶ人のために》（京都：世界思想社，1998 年 4 月），頁 128。

〔註18〕 同前註，頁 143。

吾的詩是將散文權充爲自由詩的欺瞞之作，白鳥省吾也以自由詩應該追求徹底的自由，爲文反擊，是爲民眾詩論爭〔註19〕。

　　與民眾詩派數次交鋒的北原白秋，是以象徵詩人的身分登上詩壇。前文提到，上田敏出版《海潮音》譯詩集，將法國象徵主義引介入日本之後，薄田泣菫、蒲原有明以文語定型詩的形式，將初期象徵詩帶往頂點，之後迅速走向衰落。在這之後賦予象徵詩新生命的，是被稱爲「白露時代」的北原白秋和三木露風〔註20〕。這兩波象徵詩的興盛，前期約爲1905至1909年，後期約爲1910至1920年。澤正宏提到前期的五年間，正當日本詩壇的主流由浪漫主義詩轉往自然主義口語詩的過渡期，這時期的象徵詩有濃厚的浪漫主義，與正興起的自然主義詩格格不入，終在口語自由詩運動的浪潮之下斷絕命脈〔註21〕。後期的北原白秋不與自然主義正面對決，寫出了新型態的象徵詩，但浪漫主義的傾向依然強烈，比起前期，又多了虛無主義的傾向。過度對立於外部自然、凝視自我內面的結果，使得象徵詩的內容愈發難以理解，終在1920年前後急速失勢，走入歷史〔註22〕。

　　乍看之下勢不兩立的民眾詩派與北原白秋，交差點在於民謠／童謠運動的提倡。隨著大正期童心主義的興起，北原白秋在《赤鳥》上發表童謠，開啓了大正期童謠的創作世界〔註23〕。童謠如何作爲培育幼兒的國民詩，如何眞正成爲良好的新國民教育，是北原白秋從象徵詩人轉到童謠詩人的身份時相當重要的思考課題〔註24〕。雖然在民謠的書寫主題（社會性的欠缺與否）以及表現形式（歌唱／朗誦之對立）上，白鳥省吾與北原白秋又掀起一

〔註19〕　同前註，頁136～139。白鳥省吾（1890～1973），口語詩人，致力於民眾詩運動的推動以及民謠、歌謠的創作。代表作爲詩集《大地之愛》（大地の愛）（1919年）。

〔註20〕　北原白秋（1885～1942），代表作爲詩集《邪宗門》（1909年）；三木露風（1889～1964），代表作爲詩集《廢園》（廃園）（1909年）、《白手的獵人》（白き手の猟人）（1913年）。

〔註21〕　澤正宏，〈象徵詩の展開〉，和田博文編，《近現代詩を学ぶ人のために》（京都：世界思想社，1998年4月），頁102。

〔註22〕　同前註，頁110。

〔註23〕　中路基夫，《北原白秋──象徵派詩人から童謠・民謠作家への軌跡─》（東京：新典社，2008年3月），頁137。

〔註24〕　同前註，頁249。中路基夫在此書分析了北原白秋從象徵詩人轉入童謠詩人的內外在原因，其中一個外在原因即爲北原白秋對兒童刊物《赤鳥》的自由教育理念、尊重個性的教育改造運動之認同。

番論爭，但兩者同站在音聲中心主義、關心國民語建構的立場是無可否認的
〔註 25〕。從明治末期到大正末期，上述日本近代詩所經歷的口語自然詩運
動、民眾詩運動、民謠／童謠運動等，皆傳到了台灣，在《臺灣日日新報》
上可以看到大量的創作實踐。

（二）大正期台灣的口語自由詩概況

　　1907 年，日本誕生了第一首口語自由詩〈垃圾堆〉；1911 年，殖民地台
灣也刊出了目前可見最早的一首口語自由詩〈來自現場〉（現場より）。1914
至 1915 年之間，日本詩壇開始產生大量的口語自由詩試作〔註 26〕；《臺灣日
日新報》則從 1920 年開始出現大量口語自由詩〔註 27〕。尤其在 1922 年 6 月
「水曜文藝」欄位設立以後，每年該報皆刊登百首以上的詩作，至 1926 年大
正期結束爲止總共超過一千首。本章將從這些詩作中，舉出幾項較爲重要的
特色加以試述。唯此期作品數量龐大，難免有掛一漏萬之缺失。與本論文所
關心的台灣日文新詩之語言建構較無相關的部分，只能留待日後再行論述。

　　首先，由明治期新體詩到大正期口語自由詩的進程來觀察《臺灣日日新
報》上的詩作及論述，可以看出其沿著日本詩壇前進的軌跡。日本詩人對於
「國民」、「民眾」的重視，在台灣發表的詩作上也清晰可見。甚至有詩作是
以日本內地詩人已發表作品爲藍本創作，如 1923 年永田二葉〈無緣塔〉即爲
西條八十〈尼港的虐殺〉之改寫〔註 28〕。再者，在這些數量繁多的詩作中，
有相當多載明爲「童謠」、「民謠」、「小曲」、「小唄」的作品。這些類別在大
正期才剛開始從自由詩的領域中被標舉出來，未和「口語自由詩」的領域明
確地有所區別。也就是說，這些作品既是歌謠、也是詩。《臺灣日日新報》上
的童謠／民謠詩人也發展出各自的創作論述，可以說是日本童謠／民謠運動
的延伸。

　　本章接下來將針對以上現象，分爲「從新體詩到口語自由詩」、「從唱歌
到童謠、民謠」兩節闡述，並舉出若干實例加以探討。

〔註 25〕坪井秀人，《声の祝祭——日本近代詩と戦争》（愛知：名古屋大学出版会，
　　　　1997 年 8 月），頁 17。
〔註 26〕大塚常樹，〈大正時代のヒューマニズン〉，和田博文編，《近現代詩を学ぶ人
　　　　のために》（京都：世界思想社，1998 年 4 月），頁 81～82。
〔註 27〕參見本論文附錄二。
〔註 28〕詳情將於本章第三節第三部分「《臺灣日日新報》上之盜作爭議」述及。

三、從新體詩到口語自由詩

（一）什麼是理想的語言？

明治時期，日本在建構近代國家語言的過程中，以「言文一致」爲號召，於文學及教育等方面皆造成改革風潮。這股言文一致運動的風潮在明治末期的《臺灣日日新報》上時時可見〔註29〕。最有規模並完整地將言文一致思想介紹至台灣者，爲 1906 年該報記者所編寫的〈言文一致〉一文〔註30〕。此文指出當時的報章雜誌上，言文一致的文章越來越多的現象，畢竟無論是漢文或者古典日文，都無法充分表達出近代複雜的思想。然而，言文一致的文章在表達上卻有不夠細緻婉轉，以致難以理解的問題。針對此問題，該文引述《文章世界》雜誌上的各家觀點來探討〔註31〕。全文分爲「非得作理想的言語不可」、「言文一致之弊」、「擺脫漢文的羈絆」、「何種文體較好」、「非達成言文一致不可」、「使用與不使用敬語的調性」、「當今言文一致的毛病」、「言文一致的文法」幾個子題，分別介紹幸田露伴、白鳥庫吉、芳賀矢一、三宅雪嶺、上田萬年、二葉亭四迷、山田美妙、德富蘇峰、大槻文彥等名家的主張。這些論述藉由言文一致的現象，討論什麼是理想的語言、日本語乃至「國語」應當如何改進的問題。可以看出此時期言文一致論述被介紹入台灣的情形。

1907 年，川路柳虹寫出〈垃圾堆〉一詩、並在日本詩壇掀起口語詩的討論，在 1909 年的《臺灣日日新報》上可以看到相關的記述。俳人象骨在 1909 年 4 月的〈俳壇小語〉專欄上，發表了一連串「口語句」的試作及論述，引起了該報不少的迴響。而爲了思考口語句的寫作，象骨也在該年 7 月及 9 月，援引了岩野泡鳴、服部嘉香等人的口語詩主張，試圖從口語詩的創作論述中思考口語句的方向，包括檢討跳脫了七五調或五七調的新詩型，以及自由詩中主觀的韻律等〔註32〕。在思考如何運用及改造日本固有的語言及文體上，

〔註29〕如 1902 年 4 月 23 日〈全國師範學校と言文一致〉、1920 年 2 月 9 日〈言文一致體 で書く社務橫書體も採用 成績は何うか〉、1921 年 1 月 18 日〈中橋式言文一致主義から小學教科書の全部を言文一致に改める 中學漢文科も廢止か〉、〈小學言文一致〉（漢文版）等，反映出言文一致在教育政策與社會習慣的引起的改變。

〔註30〕〈言文一致〉，《臺灣日日新報》，1906 年 6 月 15 日。

〔註31〕經確認爲《文章世界》1905 年 5 月號。

〔註32〕象骨，〈俳壇小語（百）〉，《臺灣日日新報》，1909 年 7 月 1 日；象骨，〈吐糞錄（八）〉，《臺灣日日新報》，1909 年 9 月 18 日。

亦可觀察到其對日本文壇的理論接受軌跡。

　　何謂理想的語言？直至 1923 年，在台詩人仍然關心著這個問題。下俊吉在《臺灣日日新報》上發表的〈醒醒吧＝母國的人們唷＝〉（醒めふ＝母國の人々よ＝）一詩，可以看見其對理想「國語」的捍衛姿態：

醒めふ＝母國の人々よ＝／下俊吉	醒醒吧＝母國的人們唷＝／下俊吉
〔註33〕	
弱い人間に向つて	對著弱小的人類
強いと思つてゐる人間の云ふ言葉は	自以爲強大的人類所説的話語
それ自身大きな犯罪なのだ	本身就是大大的罪惡
「それ高いないか　まけろよろしい……」	「太規了吧？偏宜點好嗎……」〔註34〕
なんと云ふ國語の破壞だ	像這樣破壞著國語
日本の奧樣達の	日本的太太們
口角から泡沫の一つ一つに	從口角冒出一個個泡沫
めちやくちやにされた日本の言葉	被攪得亂七八糟的日本語
がサタンの樣に舞ひ狂つてゐるのだ	像撒旦一般地狂舞著
たくましい、溫和な臺灣の人々が	堅毅而溫和的台灣人們
言葉から受け入れる魂の憤怒よ	得之於語言的靈魂的憤怒唷
破壞に酬ゆる破壞の脅威よ	報之以破壞的破壞在威脅著唷
二十幾星霜の努力も幾億の金みんな	二十幾年光陰的努力、幾億的金錢
母國の人々の日夜の安價な精神か	全都被母國人們日夜的廉價精神
白蟻の樣に喰ひ込んでゆくのだ	白蟻般地蠶食鯨吞了
醒めよ母國の人々よ	醒醒吧母國的人們唷
大和言葉の眞價は	大和語言的眞正價值
連綿とした建設ではないか。	難道不是連綿不斷的建設嗎。

〔註33〕臺北 下俊吉，〈醒めふ＝母國の人々よ＝〉，《臺灣日日新報》，1923 年 7 月 18 日。

〔註34〕原文中的「それ高いないか　まけろよろしい」這句在文法上有錯誤，正確應爲「それ高くないか　まけてよろしい」，爲了傳達其誤用的語感，此處譯爲「太『規』了吧？『偏』宜點好嗎」。

「『太規了吧？偏宜點好嗎……』／像這樣破壞著國語／日本的太太們／從口角冒出一個個泡沫／操著亂七八糟的日本語」，詩中直接點出日常口語中對於「正確的日本語」的破壞現象，並加以批判。全詩的最後則吶喊：「醒醒吧母國的人們唷／大和語言的眞正價值／難道不是連綿不斷的建設嗎」，可以看見詩人對於「日本語＝國民語」建設之堅持。這種堅持如酒井直樹所言，藉由對「正確的日本語」、「合乎文法的日本語」的偏執，強化了自國與他國的「自他之別」，以達到日本國民的同一化〔註35〕。值得注意的是，從這首詩的書寫角度，也可以看見從殖民地發聲的詩人，作爲「堅毅而溫和的台灣人」，顯露出比內地人更勤於捍衛日本語言的堅定姿態。

（二）台灣最初的口語自由詩試作

在明治末期日本詩壇的影響之下，言文一致運動及口語自由詩論述皆往台灣輸入。到了1911年，台灣第一首口語自由詩試作在《臺灣日日新報》登場：

現場より／ヤコ生〔註36〕	來自現場／彌子生
（一）	（一）
赤銅色の苦力共が	古銅色的苦力們一齊
長い柄の鍬を振つて	揮舞長柄鐵鍬
鐵管の穴を掘つて居る。	開鑿著鐵管的洞。
イレギユラルな幾百の	不規則的幾百支
鍬の上下がウオータールーの劍戟の如。	鐵鍬上上下下、有如滑鐵盧的劍戟。
（二）	（二）
汗で得た銀角を	在油燈的光芒中數著
カンテラの光りに數えて	用汗水獲得的銀角
行李に納め鍵して微笑む。	並微笑地鎖入行囊中。
月と水で身體を拭いて	以月光與水擦拭身體

〔註35〕酒井直樹，《死産される日本語・日本人：「日本」の歷史——地政的配置》（東京：新曜社，1996年5月），頁208。
〔註36〕ヤコ生，〈現場より〉，《臺灣日日新報》，1911年8月20日。

ペラックに足ふみ伸し藷粥の歌に賑ふ。	在工寮裡伸長雙足、在番薯粥之歌中歡鬧。
（三）	（三）
そのメツドレイを通して　罪も屈託もない「生」の喜悦を　藥にもと茅の戸を潜つた。　異様な香りのする中にしやがんで　怪しいげな土語でその無心を知つた。	通過那首組曲　　將無罪也無憂的「生」之喜悦當作藥潛入小小的茅草屋。　　蹲踞在異味中　操著奇怪的土語──原來是在向我乞討。
（四）	（四）
月がゼーニスに登つた時　強烈な刺戟で血の氣を覺えて　頬の骨なでまはしつつ歸つた。　ハツガードした晝の使役者は　斯て夜毎バラツクに生徒となつた。	月亮登至天頂時　　在強烈的刺激下感覺到血氣延著顴骨迴歸。　　面容憔悴的白日工作者如此每夜在陋屋中成為學徒。
（完）	（完）

這首詩以前的《臺灣日日新報》上，幾乎是唱歌類的新體詩作品〔註 37〕，皆使用文語寫作、遵循著規律的七五調。而這首〈來自現場〉的出現打破了此種狀況。不只使用接近口語的語言，也跳脫了七五調的範疇。不過，就和川路柳虹的〈垃圾堆〉一樣，顯得規矩的形式仍「並未完全脫離定型的咒縛，且作為口語詩仍並不完全」〔註 38〕。這是文體在轉換過程中的特色。除了文體以外，這首詩的內容也與〈垃圾堆〉有共通之處。全詩描寫開鑿管線洞的工人工作時的狀況、下工時在工寮裡的模樣、被其他工人乞討的情形。鏡頭近身貼近混雜與散發異味的勞工，是近似於自然主義的描寫。

　　明治末期，口語自由詩、自然主義文學興盛的同時，社會主義思想也開始被介紹入日本。1903 年，幸德秋水《社會主義神髓》、矢野龍溪《社會主義全集》等社會主義書籍出版，蔚為風潮。同年，兒玉花外刊行《社會主義詩

〔註 37〕參見本論文附錄一。
〔註 38〕池川敬司，〈文語定型詩から口語自由詩へ〉，和田博文編，《近現代詩を学ぶ人のために》（京都：世界思想社，1998 年 4 月），頁 63～64。

集》，但旋即因「擾亂公序良俗」的理由被禁止販售〔註39〕。其實此時期的社
會主義並無煽動革命的思想，而是人道主義出發的溫和社會主義。在雜誌《社
會主義》上也刊登有以勞動者爲主題的社會主義詩作〔註40〕。從〈來自現場〉
這首詩中對於勞動狀況的描寫，可以看出其多少也受此波社會主義思潮的影
響。詩中敘述這些工人「操著奇怪的土語」，可以想見他們是台灣出身（或許
爲原住民）的工作者。

（三）民眾詩中的農民幻象

同樣重視描寫勞動者的民眾詩派，常以農民作爲書寫主題。然而與社會
主義詩不同的是，民眾詩專注於描寫自然與勞動的美好之上。坪井秀人談到
民眾詩時，認爲「他們作品中氾濫的對自然與勞動的讚美，把『民眾』這種
無色且國際式的存在（飛越了『階級』）跳躍・回歸至『國民』或『民族』，
內含了把自然朝向『國體』抽象化的契機」〔註41〕。也就是說，民眾詩中所
描寫的自然是被抽象化的國家，在自然中勞動的人民則是爲國效力的國民。
民眾詩雖然標榜「民眾」，但這些民眾並非是指那些受到資方乃至於國家所壓
迫的普羅階級，而是幾乎與「國民」是同義詞的、甘心爲國家建設奉獻一己
之力、樂天知命的勞動者。

《臺灣日日新報》上便可以看到這樣的民眾詩。如 1923 年後藤武的〈農
夫之歌〉（農夫の歌）：

農夫の歌／後藤武 〔註42〕	農夫之歌／後藤武
果しなき曠野の西のかなたに	在無盡曠野的西邊彼方
紅く映えで沈む太陽に	紅色光輝中下沉的太陽

〔註39〕古俣裕介，〈敘事から敘情へ〉，和田博文編，《近現代詩を学ぶ人のために》
　　　　（京都：世界思想社，1998 年 4 月），頁 42。
〔註40〕同前註，頁 43。
〔註41〕坪井秀人，《声の祝祭——日本近代詩と戦争》（愛知：名古屋大学出版会，
　　　　1997 年 8 月），頁 14。原文：「彼らの作品に氾濫する自然と労働の讃美には、
　　　　〈民衆〉という無色でインターナショナルな存在を（〈階級〉を飛び越して）
　　　　〈国民〉あるいは〈民族〉に跳躍・回帰させ、自然を〈国体〉へとさらに
　　　　抽象化していく契機が内在していた。」
〔註42〕後藤武，〈長詩 農夫の歌〉，《臺灣日日新報》，1923 年 2 月 7 日。「○」記號
　　　　表原件模糊以致難以辨識之處。

若き農夫の打ちおろす一鍬一鍬は　　　年輕農夫敲下的一鍬一鍬
キラキラと輝きて香り高き土を　　　　都閃閃發光，耕耘著芳香四溢的土
耕す　　　　　　　　　　　　　　　　壤
おゝ限になき美よ　　　　　　　　　　喔，無限的美唷
見よ彼の素晴しき肉體を　　　　　　　看唷，他那美好的肉體
強壯と情愛と溫雅と活動の徵象　　　　是強壯、情愛、溫雅與活動的象徵
彼は人間そのものゝ若さだ　　　　　　他是人類自身的年輕、
眇しの虛偽も追從も持たない純　　　　完全沒有虛偽與盲從、純樸的自然
樸な自然兒だ　　　　　　　　　　　　兒
彼は彼の勞力そのもので働く　　　　　他用他的勞力來工作
彼の勞働は呪咀ではなく歡喜だ　　　　他的勞動沒有詛咒只有歡喜
哲學宗教藝術それらのものは　　　　　哲學宗教藝術那些東西
彼には不必要だ　　　　　　　　　　　對他來說都是不需要的
勞働は彼の生活の全部であり　　　　　勞動是他生活的全部
藝術であるからだ　　　　　　　　　　只因那是一種藝術
溢れる勞力に筋肉の踊るとき耕し　　　在橫溢的勞力、肌肉躍動之時耕種
充實した愛情をもつて麥の若芽に　　　以充實的感情來
肥を與へ○を○ることが○であり　　　爲麥子的嫩芽施肥、○○○○○
歌でなくして何だ　　　　　　　　　　不是歌曲而是什麼呢
唯一つの創作だ　　　　　　　　　　　是唯一的創作
おゝ若き農夫は仕事を終へた　　　　　喔，年輕的農夫完成了工作
夜の女神はしずかにしのびより　　　　夜之女神靜悄悄地靠近
悠久かわりなき　　　　　　　　　　　悠久不變
浮き星が輝き初めるとき　　　　　　　在星星開始閃耀之時
彼は雲に映ゆる夕陽を浴びながら　　　他一邊沐浴在映照於雲彩的夕陽下
一日の活動の歌をうたふ　　　　　　　一邊唱著一日的活動之歌
おゝそれは人間最善の嬉びの歌だ　　　喔，那是人類最善良快樂的歌
限りなき深き美よ──　　　　　　　　無盡而深刻的美唷──
一、九二三、一、三○　　　　　　　　一、九二三、一、三○

此詩描繪了在夕陽中辛勤耕作的年輕農夫之圖，並且歌頌其肉體的美好。對
勞動樣貌的讚美、還有稱頌農夫爲「純樸的自然兒」，皆是民眾詩中常見的描

寫。「喔，無限的美唷／看唷，他那美好的肉體」，可以看到民眾詩常用的「呼喚」（呼びかけ）手法。民眾詩經常建構出一個「國民／民眾」的幻象，並對著曖昧而模糊的對象進行「呼喚」〔註43〕。全詩虛構出了一個農民的幻象，把理想國民的模樣植入其中，化成一幅標準的模範國民之圖。1926 年，同報的〈農村之朝〉（農村の朝）中描寫了自然而美麗的農村風光，並將農民描繪爲在黃金稻田裡作戰的「平和的戰士」〔註44〕，可以說同樣是繼承自民眾詩派的書寫手法。

（四）《臺灣日日新報》上之盜作爭議

　　1930 年代因〈臺灣音頭〉一作引起盜作風波的民謠作家西條八十〔註45〕，其實在 1923 年也曾成爲在台日人剽竊的對象。從當時層出不窮的盜作事件來看，口語自由詩興盛的年代裡，「參考」他人作品的作者可能不在少數。這或許也是稚拙的創作正值嘗試摸索、且著作權觀念還正在建構的時期不可避免的情況。

　　1923 年 9 月，永田二葉在《臺灣日日新報》上發表〈無緣塔〉一詩，一週後隨即有〈致永田二葉君〉（永田二葉君へ）一文在同專欄發表，文中指出：「前回『水曜文藝』中，永田二葉氏的『無緣塔』是『尼港的虐殺』的改作。如果把『尼港的虐殺』拿來對照的話，就會知道永田二葉氏的詩作是從什麼地方得到啓示的。敬請承蒙指教」〔註46〕。文後署名「九月二十六日朝　並川定雄生」。也就是說，並川定雄在〈無緣塔〉發表的當天早上看到報紙，便馬上辨識出〈無緣塔〉與〈尼港的虐殺〉的相似性，可見並川定雄與永田二葉兩人對西條八十的詩作都毫不陌生。〈尼港的虐殺〉（尼港の虐殺）一詩收錄於西條八十 1922 年所出版《陌生的愛人》詩集當中〔註47〕。詩中描寫 1920

〔註43〕坪井秀人，《声の祝祭——日本近代詩と戦争》（愛知：名古屋大学出版会，1997 年 8 月），頁 27。

〔註44〕小淵賢二，〈農村の朝〉，《臺灣日日新報》，1926 年 6 月 11 日。

〔註45〕參見增田周子著，吳亦昕譯，〈日本新民謠運動的隆盛及其與殖民地臺灣的文化交涉——以西條八十〈臺灣音頭〉的相關風波爲例〉，吳佩珍主編，《中心到邊陲的重軌與分軌：日本帝國與臺灣文學・文化研究（下）》（台北：國立臺灣大學出版中心，2012 年 6 月）。

〔註46〕〈永田二葉君へ〉，《臺灣日日新報》，1923 年 10 月 3 日。原文：「前回の「水曜文藝」のうち永田二葉氏の「無緣塔」は「尼港の虐殺」の燒き直しであります「尼港の虐殺」を引合せになられましたら永田二葉氏の作詩がどんなところからヒントを得られたかおわかりになられること〻存じます／九月二十六日朝　並川定雄生」。

〔註47〕西条八十，《見知らぬ愛人》（東京：尚文堂書店，1922 年）。

年發生在俄國、大批日本人遭到屠殺的尼港事件〔註48〕：

尼港の虐殺／西条八十〔註49〕

娘よ、
三歳の娘（むすめ）よ、
この午後はおまへと父親（ちちおや）の二人（ふたり）ぎり
だ、
おまへは縁で積木（つみき）を遊び
私（わたし）は椅子に凭つてゐる。
けふは静かに話（はな）さう、
母（かあ）さんの歸（かへ）るまで
あのニコライエフスクの怖（こは）ろしいお
伽嘹（とぎばなし）を。——
氷にとぢられた西比利亞（しべりあ）の港（みなと）の町（まち）で
六百の日本人（むごた）が慘らしく殺されたのだ、
惡鬼（ヴァンパイア）のやうなバルチザンの手に掛（かか）
つて。
（おぼえてゐよ、大正九年の春（はる）の出
來事だ）
二箇中隊（こちゆうたい）の日本軍人は雄雄しく防（ふせ）
ぎ戰（たたか）つたが、
敵の勢（ぜい）は限りなく、しかも蠍（さそり）のやう
に

尼港的虐殺／西條八十

女兒啊、
三歲的女兒啊、
這個下午妳與父親兩個人在一
起、
妳正在緣廊玩積木
我正靠在椅子上。
今天就靜靜地說吧、
在媽媽回來以前
說那個尼古拉耶夫斯克的恐怖
童話。——
在冰封的西伯利亞港都
有六百個日本人慘遭殺害、
葬送在惡鬼一般的游擊隊手
裡。
（要記得呀，那是在大正九年春
天所發生的事）
兩個中隊的日本人雄糾糾地展
開防衛戰、
但敵人的攻勢無止無盡、如毒蠍
般

〔註48〕 尼港事件，發生於 1920 年 3 月至 5 月俄國的尼古拉耶夫斯克（簡稱尼港）。
尼港當時爲日本佔領地，而此時正值俄羅斯內戰，Ya. I. Tryapitsin（日文表記：
トリャピーツィン）率領游擊隊約四千人包圍日軍，日軍多半戰死，餘者則
被關入牢獄。在日本救援隊到達之前，游擊隊虐殺了獄中的日本俘虜，並放
火燒毀尼港市街、殺害半數一般市民。參考《日本史大事典》第五卷（東京：
平凡社，1993 年 11 月），「尼港事件」條目，頁 463。
〔註49〕 《西條八十全集第一卷　詩Ⅰ》（東京：國會刊行會，1991 年 12 月），頁 244
～249。

何れも兇猛な武器を携へてゐた、
敗れ、屠され、領事館は焚かれ
わが同胞の死屍の上を、顏を、四肢を、
バルチザンの重い泥靴が蹂み躪つた。
ああ、更に毒手に捉はれた百四十の同胞は、
暗い冷たい牢獄の底に、犬のやうに繋がれ、
世にも世道の虐げを忍んだ、
若き母は裸體の儘に父親の傍に辱められ、
生きてはおまへの友となるべき可憐の幼兒は
鞠のごとく壁に擲れて無慘に死んだ。
夜夜獄舍の底に、板戶洩る異鄉の星を眺め、
一縷の希望にはかなき生命をつないだ
同胞の心中を想へ、
（帝都の人人が、灯明るき巷のカツヘエに歡語めく夜を）
娘よ、おまへが母の歸りを佗ぶる
心に幾百倍し
よるべなき彼等は、わが援軍の到來を待ち焦れたであらう！

個個都拿著兇猛的武器、
敗滅、屠殺、焚燒領事館
游擊隊沉重的泥靴在
我們同胞的死屍上、臉上、四肢上踩躪。
啊啊，還有被毒手所捉的一百四十名同胞
像狗一樣、身繫黑暗冰冷的牢獄之底、
在這世上忍受世道之殘虐、
年輕的母親赤身裸體地在父親的身旁受辱、
活生生、原本可以成爲妳朋友的可憐幼兒
如球般被擲往牆壁而悽慘地死去。
夜夜在牢獄之底，眺望從木門洩出的異鄉星星
無常的生命尚繫結一縷希望
思念同胞的心情、
（那是帝都的人們、在燈火通明的巷弄珈啡店裡歡語之夜）
女兒啊，那是你盼望母親歸來的心情的幾百倍
無依無靠的他們、是多麼焦急地等待我國援軍的到來啊！

　　以上爲〈尼港的虐殺〉的前半段。詩中可以看到敘述者以強烈的口吻，抒發其對自身民族的「日本人」遭受欺侮的不滿。此詩後半段甚至以 1915 年至 1917 年間土耳其對亞美尼亞的種族大屠殺來比喻尼港事件。

以下則是 1923 年永田二葉的〈無緣塔〉一詩的前半段：

無緣塔／永田二葉〔註50〕

姪よ、
三歳の姪よ、
九月の青葉に
いま我南國の晝は靜かだ
女は白い絹手套をはめて窓に小説を
讀み
男は蟬に似る羅き夏外套を纏ひ舖道
を流れる〔註51〕
けふは靜かに話さう
母さんの歸るまで
あの關東の怖ろしいお伽噺を。
◎
皇居を圍ぐる武藏野の町々で
十餘萬の同胞が慘たらしく死んだのだ
惡鬼のやうな慘虐な自然の手に掛つ
て
【おぼえてゐよ、大正十二年の秋の
出來事だ】
◎
轟然たる激震の一瞬間
數百萬の同胞は、搖籃の如き大地を
走りつづけたが、

無緣塔／永田二葉

姪女啊、
三歲的姪女啊、
在九月的綠葉下
現在是我南國的寧靜白日
女人戴著白絹手套憑窗閱讀小
說
男人則如蟬一般穿上夏季薄外
套、湧到步道之上
今天就靜靜地說吧、
在媽媽回來以前
說那個關東的恐怖童話。──
◎
在圍繞著皇居的武藏野市街
有十餘萬同胞慘死
葬送在惡鬼一般殘忍的自然手
裡
【要記得呀，那是在大正十二年
秋天所發生的事】
◎
轟然激震的一瞬間
數百萬的同胞、持續奔逃在如搖
籃一般的大地之上、

〔註50〕永田二葉，〈無緣塔〉,《臺灣日日新報》，1923 年 9 月 26 日。「◎」記號表原
　　　件模糊以致難以辨識之處。
〔註51〕以上內容也與〈尼港的虐殺〉後半段才出現的內容雷同：「娘よ、／六月の青
　　　葉にいまわが帝都の晝は靜がた、／女は白い絹手套を穿めて窓に小説を讀
　　　み／男は蟬に似る羅き夏外套を纏つて電車の中に熟睡んでゐる」（女兒啊／
　　　在六月的綠葉下，現在是我帝都的寧靜白日／女人戴著白絹手套憑窗閱讀小
　　　說／男人則如蟬一般穿上夏季薄外套、在電車裡熟睡著）。

悪鬼の力は限りなく、しかも○のやうに
紅蓮の焔は彼等を追つた、
潰れ、○たれ、町々は燒かれ、
わが同胞の死屍の上を、顔を、四肢
を、
悪鬼の重い泥靴が蹂躙つた。
◎
あゝ、更に毒手に虜はれた數千の同
胞は
工場の底に犬のやうに繋がえ、
世にも非業の慘死を遂げた。
◎
生きて焦熱地獄に投せられ、
堅く閉されたる鐵扉の下に、
「父よ、母よ。」と狂亂したる
まだうら若き同胞の心中を想へ
【南國の人々が巷のカヘエにさざめ
く時を】
姪よ、おまへが母の歸るを佗ぶる心
に幾百倍し
よるべき彼等は、いかに天帝の救ひ
を待ち焦れたであらう

悪鬼之力無止無盡、如○○般
以紅蓮火焰追趕著他們、
潰敗、○○、市街被燒燼、
悪鬼沉重的泥靴踩躪在、
我們同胞的死屍上、臉上、四肢
上。
◎
啊啊，還有被毒手所虜的數千同
胞
像狗一樣、身繫在工廠之底、
在這世上悽慘地死於非命。
◎
活生生被拋進灼熱地獄、
在緊緊關閉的鐵門之下、
「父親呀、母親啊。」地狂亂叫著
還有從心底思念同胞的心情、
【那是南國的人們、在珈琲店裡
歡語之時】
姪女啊，那是你盼望母親歸來的
心情的幾百倍
無依無靠的他們、是如何焦急地
等待上帝的拯救啊

這首詩是以當月發生的關東大地震爲題材〔註52〕。與〈尼港的虐殺〉對照之下，可以看出兩詩的確極其類似，甚至出現完全相同的句子。幾乎是將〈尼港的虐殺〉抽換詞面所寫成的作品。然而，這樣粗糙的置換法，不免減弱原詩的書寫力道。舉例來說，〈尼港的虐殺〉中有好幾組對立：日本人與紅軍游擊隊的對立、尼港與帝都的對立、女兒與受虐幼兒的對立等。而在〈無緣塔〉中，因爲抽換了書寫的對象，而削弱了對立的強度，例如將民族的對立改換

〔註52〕關東大地震發生於 1923 年 9 月 1 日上午。爲日本戰前最嚴重的震災，死亡人
　　　　數總計超過十萬。

成人與天的對立、地點則改爲關東與南國（台灣）的對立、而姪女與呼救中的幼兒的對立，亦不像〈尼港的虐殺〉那樣有渲染力。

　　爲何永田二葉要選擇〈尼港的虐殺〉一詩改作，並且置換爲關東大地震的內容？最具體的原因，可能是因爲就〈尼港的虐殺〉一詩的寫作方式而言，在詞語的置換上並不困難。因此，在發生關東大地震的當月，永田二葉能夠很快將之改寫爲〈無緣塔〉一詩。且兩詩的內容同樣皆是鮮明的、與國民、國家切身相關的事件，因此有許多可以互通並輕易改寫之處。其寫作手法，是透過長輩對兒童述說歷史，來喚起「國民」對於重大事件的記憶與共感。〈尼港的虐殺〉中因有明確的控訴對象，顯露出強烈且具煽動性的民族／國家主義；〈無緣塔〉則透過強調身處南國的事實，來喚起殖民地人民與「母國」的連帶感，這是從帝國邊緣出發的另一種民族／國家主義的表現。這種表現依附在〈無緣塔〉對〈尼港的虐殺〉的改作上，可以看到在台詩人對於日本詩人的學習，從內容到語言各方面皆不遺餘力。

　　另一件盜作爭議發生在 1926 年。7 月 9 日，保坂瀧雄〔註53〕在文藝欄上發表〈贈最近的投稿者聯‧秀雄氏〉（最近の投書家聯‧秀雄氏に贈る）一文，寫道：「投稿是持續不間斷才有意義。然而你似乎抱有相當錯誤的想法，將他人的作品原封不動當作自己的作品投稿——這件事不只對你無益，既傷害本專欄、同時也傷害全體投稿者的名譽，因此請你今後愼重行事—」〔註 54〕。從時間上來看，聯秀雄曾在 6 月 25 日發表〈嗤笑現世〉（今の世を嗤ふ）、7 月 2 日發表〈陽傘〉（パラソル），保坂瀧雄所指出的盜作應爲這兩首詩其中一首。而聯秀雄則在 7 月 23 日發表〈回答保坂瀧雄君〉正面回應：「他人的

〔註53〕　中島利郎曾於《日本人作家の系譜》一書中提到保坂瀧雄及其詩作。以下爲
　　　　保坂瀧雄的介紹：「保坂瀧雄（生卒年不詳），任職於台灣總督府文教局社會
　　　　課的詩人。筆名有瀧坂陽之助、祇園麗三郎等。從大正年間在《臺灣日日新
　　　　報》等處發表新詩，爲日本統治期下的台灣初期的詩人。」在此時期中，中
　　　　島利郎只提了後藤大治和保坂瀧雄兩位詩人，並指他們是「（台灣）初期文藝
　　　　界突出的存在」。中島利郎，《日本人作家的系譜》（東京：研文出版，2013
　　　　年 3 月），頁 14～18。
〔註54〕　保坂瀧雄，〈最近の投書家聯‧秀雄氏に贈る〉，《臺灣日日新報》，1926 年 7
　　　　月 9 日。原文：「投稿は續けてしてこそ意義が生ずるが、君は甚だまちがつ
　　　　た考へを持つてゐると見え、他人の作品をそのまゝ自分の作品として投稿
　　　　する——かういふことは單に君の爲めにならぬばかりでなく、本欄を傷け
　　　　るものであり、又全體の投書家の名を傷けるものであるから今後大いに愼
　　　　んでもらひたい—」。

作品是指誰的作品呢？爲什麼您不指出作者的名字來呢？我明明是用自己的名字投稿自己的作品，爲什麼非得遭受這麼奇怪的中傷不可呢？」〔註 55〕爲自己喊冤之後，聯秀雄開始對保坂瀧雄作出反擊：「不是保坂君，而是『足立武夫—泉登詩子—夢羅木麻系—早乙女香史朗』，變換使用以上這些名字並以此爲傲的瀧雄君，跟小生相比，您才是令人尊敬的一流盜作大家兼模倣大師。」〔註 56〕指出保坂瀧雄在「炎天詩社第一回同人詩作展覽會」上發表的〈過去與現實〉、〈生與死〉、〈星期日之夜〉、〈朝〉這些作品皆爲盜作〔註 57〕。最後將「將他人的作品原封不動當作自己的作品投稿」、「既傷害本專欄、同時也傷害全體投稿者的名譽」兩句話送還給保坂瀧雄。

兩人在指出對方盜作之時，皆未指出被剽竊的對象，故此處無法進行比對。然而，在這個你來我往的過程中，可以看到被中島利郎視爲「（台灣）初期文藝界突出的存在」的保坂瀧雄，其詩作中亦被指出有模仿的痕跡。雖不知模仿程度如何，但此爭論可以佐證本節前文所指出的，在口語自由詩的初建構時期，爲了亦步亦趨地隨著中央文壇寫作新詩，「有所本」的作品可能不在少數。

四、從唱歌到童謠、民謠

口語自由詩興起的時代，也是童謠與民謠相當興盛的時期。大正期開始被大量創作的童謠、民謠，未和「口語自由詩」的領域明確地有所區別。且與口語自由詩有許多重疊或互相影響之處。本節將以《臺灣日日新報》上大量的童謠、民謠作品作爲對象，論述這個時期台灣受到的大正期童謠‧民謠運動的影響。

（一）大正期童謠‧民謠運動的開展

本論文第二章中曾提及明治期作爲「唱歌」的新體詩〔註 58〕。日本初期

〔註 55〕 聯秀雄，〈保坂瀧雄君に答ふ〉，《臺灣日日新報》，1926 年 7 月 23 日。原文：「他人の作品とは誰のものなるや何故に貴君は作者の名前を指示せざるや自己の作品を自己の名で投稿するのは何にがおかしい暴言を甚だしからずや」。

〔註 56〕 原文：「保坂君ではない、足立武夫—泉登詩子—夢羅木マシ—早乙女香史朗と以上の如く變名自在と鼻誇してゐる瀧雄君、小生は貴君をこそ一流の盜作大家兼模倣名人と尊敬せん」。

〔註 57〕 原文：〈過去と現實〉、〈生と死〉、〈日曜日の夜〉、〈朝〉。其中，〈過去と現實〉與〈朝〉兩首曾以保坂翠華爲名，發表於《臺灣日日新報》。

〔註 58〕 「唱歌」二字是日文中「歌曲」之意，也是日本舊制學校的一個科目名稱，「唱

近代詩的摸索與唱歌之間有著密不可分的關係，此關係反映在《新體詩抄》
與《小學唱歌集》對建立日本近代國家的關心之上。到了大正期，歌曲與詩
的關係仍然沒有切斷，甚至更加緊密。在大正期的時代風氣與口語自由詩運
動的影響之下，出現了不同於唱歌的新面貌——童謠與民謠。

　　1918 年，鈴木三重吉的兒童文藝雜誌《赤鳥》（赤い鳥）創刊。在該刊物
上，鈴木三重吉以童話、北原白秋以童謠共同展開了創作活動。北原白秋對
「童謠」的提倡，來自於對明治期「唱歌」的批判與反動〔註59〕。「唱歌」過
於重視德育原則，導致歌詞索然無味，扼殺了詩的藝術性，這是以童心主義
爲出發的《赤鳥》所要改革的重點。結果，「《赤鳥》將明治期那種無視於前
近代的戲作風童話也無視於兒童本性的唱歌，帶往充滿藝術氣息的大正期童
話和童謠，並使之誕生，留下確立近代兒童文學的這個斗大足跡」〔註60〕。
也使得童謠成爲在近代日本足以與詩、短歌並駕齊驅的領域〔註61〕。至於民
謠，則是在日俄戰爭以後，從德語的「Volkslied」翻譯成「民謠」、由志田義
秀建構其概念開始的〔註62〕。到了 1920 年代的民謠運動，柳田國男以民俗學
展開民謠研究；山田耕作、藤井清水爲民謠作曲與編曲；北原白秋、野口雨
情、白鳥省吾等人爲民謠作詩——在理論與實踐皆完整的情況下，確立了民
謠的領域〔註63〕。1920 年代以後，童謠與民謠兩者連合起來，強固了日本近
代歌謠的領域，並爲停滯中的詩注入了新的刺激〔註64〕。

　　北原白秋展開民謠創作（還有歌謠、小唄，這些名稱在當時並沒有被明確
的區別〔註65〕）的同時，與同樣創作民謠的民眾詩派發生了以民謠爲主的論
爭。論爭的焦點，在於北原白秋認爲民謠的本質應以歌唱來表現，白鳥省吾則
提倡民謠的朗讀；另一方面，白鳥省吾、福田正夫認爲北原白秋的藝術至上主

歌」科的教材內容也被稱作「唱歌」。本論文中所使用的「唱歌」二字即指以
這些教材爲首，所被創作出來的歌詞。詳見本論文第二章。

〔註59〕佐藤通雅，《北原白秋——大正期童謠とその展開》（東京：大日本図書，1987
　　　　年 12 月），頁 29。
〔註60〕中路基夫，《北原白秋—象徵派詩人から童謠・民謠作家への軌跡—》（東京：
　　　　新典社，2008 年 3 月），頁 125。
〔註61〕同前註，頁 140。
〔註62〕坪井秀人，《感覚の近代—声・身体・表象》（名古屋：名古屋大学出版会，
　　　　2006 年 2 月），頁 241。
〔註63〕同前註，頁 242。
〔註64〕同前註，頁 240。
〔註65〕同註 60，頁 218。

義忽略了民謠應該具有的社會性〔註66〕。即使意見有所分歧，這些在大正期開展的童謠‧民謠創作，仍指示出大正詩一個明確的走向：即以「國語」統一為媒介來推動教養的國民化〔註67〕。在積極教化兒童、參與民眾生活的面向上，讓詩的領域擴展至民眾的日常生活，以達到「國民」的養成。且不再是以明治期僵硬的教條式唱歌，而是以更貼近兒童、貼近民眾的「自然」詩語作為手段。

（二）《臺灣日日新報》上的童謠‧民謠風潮

在 1920 年日本內地的童謠‧民謠運動風起雲湧之時，《臺灣日日新報》上也在同時開始出現大量的童謠、民謠作品。以大正期該報上總共採集 1254 首近代詩作來看，標記為「童謠」者就有 256 首；「民謠」則有 47 首；「小曲」89 首；「小唄」15 首。另外，1920 年至 1921 年的兒童新聞版上，共刊登了「御伽伊呂波歌」36 首〔註68〕。「伊呂波歌」是日本平安中期成立的、以不重複假名為原則所作的歌曲，以七五調寫成，被用來作為兒童學習五十音的學習範本〔註69〕。在《臺灣日日新報》的兒童新聞版上的「御伽伊呂波歌」是在此基礎上，為了教育兒童學習日語五十音而刊登的新式伊呂波歌〔註70〕。上述這些歌謠作品相加起來總共有 443 首，數量超過大正期詩作的三分之一，足見其創作狀況之榮盛。另外，雖「唱歌」類作品已不符合此時代的民眾需求，題材清一色局限在歌詠官方活動的範圍，但《臺灣日日新報》仍然不斷有此類作品發表，大正期結束為止總計有 34 首。

這些數量龐大的歌謠作品，才只是台灣童謠‧民謠創作的起點而已。大正期是童謠‧民謠運動的萌芽階段，至昭和期才達到全面的繁盛〔註71〕。值得注意的是，日本童謠‧民謠運動的三個中心人物：北原白秋、西條八十、野口雨情，皆與台灣有過接觸。北原白秋曾於 1934 年 7 月來台，受到台灣文

〔註66〕同註 60，頁 242。

〔註67〕同註 62，頁 235。

〔註68〕參見本論文附錄二。「御伽伊呂波歌」日文表記為「お伽いろは歌」、「おとぎいろは歌」或「お伽いろはうた」。

〔註69〕古代為 47 音，現代則增加「ん」為 48 音。

〔註70〕「御伽」二字為美化語。

〔註71〕邱各容在《臺灣近代兒童文學史》中提到，童謠作家宮尾進將 1925 年 3 月至1930 年 5 月，五年間的《臺灣日日新報》、《木瓜》、《鳥籠》等報章雜誌上的創作童謠加以搜集，篇數高達三千八百六十多首，足見在這之後童謠的創作量才真正達到高峰。邱各容，《臺灣近代兒童文學史》（台北：秀威資訊，2013年 9 月），頁 68。

壇盛大歡迎〔註72〕，不僅《臺灣日日新報》爲之製作全版「白秋特集號」，《若草》雜誌也舉辦了歡迎會。早在 1929 年，《臺灣日日新報》就已轉載過北原白秋的〈民謠私論〉，1934 年的《若草》雜誌又再次轉載該篇文章。北原白秋也應邀創作了〈臺灣少年行進歌〉、〈臺灣青年之歌〉、〈林投節〉等台灣相關作品〔註73〕。西條八十則是爲 1934 年勝利唱片發行的〈臺灣音頭〉作詞，後來在《若草》雜誌上陷入盜作風波〔註74〕。在這之前，西條八十也曾在《臺灣日日新報》上發表兩篇童謠論述，分別是 1921 年的〈關於童謠〉（童謠に就て）和 1930 年的〈童謠是詩嗎？〉（童謠は詩であるか）〔註75〕。

　　野口雨情則於 1927 年 4 月與 1939 年 11 月兩度訪台。野口雨情在 1927 年來台時，由北到南舉行了一連串的演講與演唱會〔註76〕，在台童謠作家宮尾進也發表了一篇〈與野口雨情老師談話〉（野口雨情先生と語る）〔註77〕。可見野口雨情在台灣受重視的程度可能不輸北原白秋。事隔多年，野口雨情於 1939 年 11 月再度來台，《臺灣日日新報》上記載了野口雨情二度來台的感想：「這是我第二次來台灣，十四、五年前曾經來過一次，那個時候，我因爲對名叫白頭翁的鳥、還有木瓜印象深刻而創作了童謠。這次來，台灣的模樣全都變了，讓我吃了一驚」〔註78〕。文中所談到的童謠爲〈白頭翁〉（ペタコ）〔註79〕。

〔註72〕 關於北原白秋的訪台活動，游珮芸《日治時期台灣的兒童文化》一書中有詳盡的爬梳。游珮芸，《日治時期台灣的兒童文化》（台北：玉山社，2007 年 1月）。

〔註73〕 坪井秀人，吳佩珍譯，〈作爲表象的殖民地〉，吳佩珍主編，《中心到邊陲的重軌與分軌：日本帝國與臺灣文學‧文化研究（中）》（台北：國立臺灣大學出版中心，2012 年 6 月）。

〔註74〕 此風波的主要起點在於，西條八十的〈臺灣音頭〉被《若草》同人發現，裡頭有句子是抄襲在台日人作家〈臺北音頭〉。增田周子著，吳亦昕譯，〈日本新民謠運動的隆盛及其與殖民地臺灣的文化交涉——以西條八十〈臺灣音頭〉的相關風波爲例〉，吳佩珍主編，《中心到邊陲的重軌與分軌：日本帝國與臺灣文學‧文化研究（下）》（台北：國立臺灣大學出版中心，2012 年 6 月）。

〔註75〕 西條八十，〈童謠に就て（一）～（四）〉，《臺灣日日新報》，1921 年 12 月 23、24、25、27 日；西條八十，〈童謠は詩であるか〉，《臺灣日日新報》，1930 年 2 月 3 日。

〔註76〕 野口雨情詳細的訪台活動，參見游珮芸《日治時期台灣的兒童文化》一書。

〔註77〕 宮尾進，〈野口雨情先生と語る〉，《臺灣日日新報》，1927 年 4 月 8 日。

〔註78〕 〈十五夜お月さんの野口雨情氏來る——一箇月滯在して全島を行脚〉，《臺灣日日新報》，1939 年 11 月 1 日。原文：「臺灣はこれが二度目で十四、五年前に一度參りました、その時はあのペタコと云ふ鳥や、木瓜が非常に印象に殘りましたので童謠に作りました、今度參つてすつかり樣子が變つてる

1939 年的台灣之行，野口雨情在台灣全島旅行了一個多月，從台東出發，到訪花蓮、宜蘭、台北、新竹、台中、台南等處〔註80〕。該年 12 月即在《臺灣日日新報》上發表了〈嘉義民謠〉、〈臺南民謠〉、〈高雄歌謠〉等〔註81〕。在其全集《定本　野口雨情》中則收錄了 18 篇台灣相關民謠創作。

　　爲何這些重要的童謠‧民謠詩人皆不約而同地創作了台灣相關歌謠、對殖民地台灣的歌謠創作又產生了哪些影響，並非在這一小節的篇幅中能夠闡述，也溢出了本章所限定討論的時間範圍。然而，他們描寫台灣的歌謠作品是如何將台灣收編在日本的國民歌謠中；台灣各單位積極邀請這些詩人創作台灣相關作品，又是如何展現了對此收編的企望；至殖民地旅行並創作相關作品，又對這些國民詩人的自我定位有何關聯，這些實是探討日本的童謠‧民謠運動時不可忽略的重要問題〔註82〕。

（三）大正期台灣的童謠‧民謠論述與實踐

　　除了童謠創作，大正期《臺灣日日新報》上也刊登了多篇童謠論述。西條八十在 1921 年分四次刊出的〈關於童謠〉〔註83〕，指出近二三十年間，民謠、童謠、小曲、小唄等文類逐漸在詩中區分出來，而這些歌謠是爲了因應民眾生活中對詩的要求而作。並提及愛爾蘭詩人葉慈的詩爲國民運動點燃火燄，高舉起民眾的心，認爲拯救民眾是詩人的任務。在文章中，西條八十也闡述了童謠的定義及以《赤鳥》爲發端的童謠運動，並介紹了北原白秋、野口雨情、三木露風等詩人的童謠作品。最後談到因學校教育不能向兒童介紹

〔註79〕　るのに驚いてゐます云々」。
〔註79〕　〈ペタコ〉，野口雨情作詞，中山晉平作曲，佐藤千夜子演唱。參見「【歷史に消えた唱歌 05】大正デモクラシーに乗って」（提供元：MSN 產経ニュース（2011.05.01）)：http://taiwan-news.tumblr.com/post/5307450208/05（查閱時間：2015 年 2 月 11 日）。此報導記載野口雨情創作此童謠的經緯，並提及〈白頭翁〉透過收音機放送之後造成大流行，在台灣廣爲人知。
〔註80〕　同註 78。
〔註81〕　野口雨情，〈嘉義民謠〉，《臺灣日日新報》，1939 年 12 月 6 日；野口雨情，〈臺南歌謠〉，《臺灣日日新報》，1939 年 12 月 10 日；野口雨情，〈高雄歌謠〉，《臺灣日日新報》，1939 年 12 月 11 日。
〔註82〕　關於這一點，坪井秀人在〈作爲表象的殖民地〉中，針對北原白秋的部分開展了相當具有啓發性的論述。另外，游珮芸的《日治時期台灣的兒童文化》中也有部分篇幅述及北原白秋、野口雨情的訪台之旅及影響。
〔註83〕　西條八十，〈童謠に就て（一）～（四）〉，《臺灣日日新報》，1921 年 12 月 23、24、25、27 日。

眞理與美，故要透過童謠來讓童心甦醒，提供大人小孩一條通往白色世界的
道路。這篇文章提供讀者認識童謠的一個平易的切口。

　　1924 年，在《臺灣日日新報》上發表多篇童謠作品的緋鷹紅椿，則發表
了〈女性與童謠〉（女性と童謠）一文〔註84〕。在這篇作品中，他闡述了女性
比男性在童謠創作上更有利的三個條件：性格比男性更接近兒童、與兒童接
觸的機會極多、能夠辨認兒童的舉動與用語；接著又提出了女性創作童謠的
三個局限：女性的教育程度一般來說較低、即使有心也因爲不好意思而使得
研究心受到阻礙、研究心持續困難。這篇論述難得討論到女性與童謠的關係。
文中以其親身的觀察指出女性多愛好戲劇小說而不親近文藝、高雄某位閨秀
詩人爲了認眞研究文藝只能不問異性、女性時常因研究氣力不足而中途放棄
等，點出了女性創作童謠在實際情況上的難處。

　　同樣在 1924 年，渦潮清之助的〈童謠小言〉針對《臺灣日日新報》文藝
欄上的作品，進行了整體性的批判〔註85〕。他認爲童謠應該是大人與兒童的精
神狀態一致之下，所創作的具有妙趣的作品，然而該欄上卻很少眞正純眞的童
謠，淪爲形式主義（mannerism）的創作。文中引述北原白秋之言「眞正的童
謠，是唱出孩子的心、同時對大人而言也必須是意味雋永的作品才行」〔註86〕，
並引用西條八十在創作童謠時的感嘆：「我們的感覺已經荒蕪，三四十歲的
大人無論怎麼努力、焦慮，終究無法把將七八歲小孩子的那種清新感找回來」
〔註87〕。渦潮清之助認爲該欄的投稿者大多未曾思考這些問題，而過於重視節
奏，使得童謠創作成爲形式遊戲。認爲該欄今後應該要朝著重質不重量的方向
走才是。難得地點出《臺灣日日新報》上童謠的創作問題。

　　就實際狀況來看，《臺灣日日新報》上的童謠的確經常缺乏新意，書寫對
象集中在星星、月亮、太陽、夕陽、風雨、鳥獸草木、昆蟲等，少有例外。題
材與寫作手法皆與前人相似。不過在這之中，也有少數能窺見殖民地特色的童
謠作品。例如在學童創作中，曾兩次出現以「水牛」爲寫作題材者〔註88〕。水

〔註84〕緋鷹紅椿，〈女性と童謠〉，《臺灣日日新報》，1924 年 3 月 3 日。
〔註85〕渦潮清之助，〈童謠小言〉，《臺灣日日新報》，1924 年 3 月 26 日。
〔註86〕原文：「ほんとうの童謠は、子供の心を歌ふと同時に大人にとつても、意味
　　　深いものでなければなりません」。
〔註87〕原文：「我等感覺のちびた、三十四十の大人が如何に努力して、焦慮したと
　　　ころで七八歲の小兒のフレッシユネスを取戾すことは出來ぬ」。
〔註88〕尋三 木元君子，〈童謠 水牛のよだれ〉，《臺灣日日新報》，1922 年 9 月 19
　　　日；臺南市南門小學一學年 尾上典三，〈水牛〉，《臺灣日日新報》，1923 年 8

牛在台灣是相當重要的農耕工具。以下這首童謠，亦以烏鴉、水牛等動物來描
繪出台灣農田的景觀：

臺灣烏／日高紅椿〔註89〕	台灣烏鴉／日高紅椿
稻がかられた	稻子已被收割的
たんぼの中に	田圃當中
お家をわすれた	忘記了家的
臺灣烏	台灣烏鴉
あちらへ行かうか	要去那裡嗎
こちらへ行かうか	要來這裡嗎
お水牛の背に	在水牛的背上跳上跳下
とびのり思案顔	像在沉思的樣子
遠くに燈が	遠處的燈光
チーラり　チラリ	閃閃熾熾
お水牛はだるそに	水牛疲累地
尾つぽをふりました	垂下了尾巴

此童謠的作者日高紅椿畢業於台北商業職業學校，從事金融業，「自 1923 年
起開始隨野口雨情學習童謠，並加入日本《吹泡泡》童謠誌。1927 年 4 月 4
日，野口雨情首次應邀來台訪問兩週，日高紅椿負責在臺中的接待」〔註90〕。
當時的野口雨情以台灣的鳥種「白頭翁」入詩，描寫了像是戴著白色帽子的
可愛鳥類。而身爲野口雨情學生的日高紅椿，則以「台灣烏鴉」入詩，描寫
出看似純眞的自然景觀。顯然，童謠詩人們在注視台灣這個殖民地風土景觀
時，看到的並非其地方性與歷史性的內在層面，而是安詳而美好的外在自然。
這種描寫殖民地的方式，和北原白秋在描寫外地風土時一樣，「在演出與土地
風土天眞無邪地嬉戲的同時，一方面卻又更進一步建構土地以及吟詠土地的
詩歌語言關係，成爲更上位的體系。這個所謂的上位體系，是凝聚性地體現

月 7 日。

〔註89〕 日高紅椿，〈童謠集 さ や き：臺灣烏〉，《臺灣日日新報》，1926 年 12 月 24
日。

〔註90〕 邱各容，《臺灣近代兒童文學史》（台北：秀威資訊，2013 年 9 月），頁 83。

『國語』詩歌所形成的國體幻想模形體系」〔註91〕。在〈台灣烏鴉〉中即可
看到，以國民語寫成的童謠作品中，將殖民地的景物與動物都納為吟詠的對
象，與前述的農民詩一樣，構築出一幅美好的國民圖像，在童謠中呈現了與
內地沒有分別的和樂幻想。

　　民謠方面，宮尾進在 1925 年發表了〈近代的民謠論〉（近代の民謠論）一
文〔註92〕。宮尾進曾經擔任過《臺灣日日新報》的編輯，為在台重要的童謠作
家，編輯過以台灣學童創作童謠為主的《童謠傑作選集》、《童句傑作選集》二
書，以及童謠誌《木瓜》（パパヤ）、《鳥籠》（トリカゴ）等〔註93〕。宮尾進亦
發表了相當多以台灣為背景的創作，也發表了上述的民謠論述。可以視為台灣
童謠・民謠運動的重要推手。〈近代的民謠論〉分十一次刊出，從太古時代的民
謠開始，一直論述到足利與德川時代、明治時代的民謠歷史。接著分述北原白
秋、野口雨情、大關五郎、時雨音羽、白鳥省吾等詩人的民謠成就，並舉出作
品來討論。在論述民謠發生的意義時，宮尾進指出在現代都會的束縛之下，民
謠發生的意義是為了回歸民土民眾、找回古老的對於國土與人類的愛。從此篇
文章的結論中可以看到，宮尾進的民謠主張較為接近白鳥省吾，認為北原白秋
與野口雨情窄化了民謠，指出「民謠應該是要在將來益發嶄新的國家詩」〔註
94〕，這樣的看法相當接近民眾詩派的主張。文章最後，宮尾進列舉了多位台灣
民謠作家，承諾日後也會不懈怠地為創作出台灣特殊的藝術而努力。

　　從宮尾進建構民謠論述的方式，可以看出其試圖將民謠塑造為自古以來
就存在的事物。由此可見「被創造的傳統」是以什麼樣的方式創造出來的。
民謠確實是近代才創生的概念，將德語「Volkslied」譯為「民謠」，坪井秀人
認為這個這個譯法本身就帶有近代的意識形態：「『民』＝國民被寄予了單一
形態的國民方式」〔註95〕。當民謠論試圖將民謠的歷史與古老的傳統連結，

〔註91〕坪井秀人，吳佩珍譯，〈作為表象的殖民地〉，吳佩珍主編，《中心到邊陲的重
　　　　軌與分軌：日本帝國與臺灣文學・文化研究（中）》（台北：國立臺灣大學出
　　　　版中心，2012 年 6 月），頁 170。
〔註92〕宮尾進，〈評論 近代の民謠論（一）～（十一）〉，《臺灣日日新報》，1925 年
　　　　8 月 21 日、8 月 28 日、9 月 4 日、9 月 11 日、9 月 18 日、9 月 25 日、10 月
　　　　2 日、10 月 16 日、10 月 23 日、11 月 6 日、11 月 13 日。
〔註93〕邱各容，《臺灣近代兒童文學史》（台北：秀威資訊，2013 年 9 月），頁 67～
　　　　68。
〔註94〕原文：「民謠は益々將來に新展すべき國家詩である」。
〔註95〕坪井秀人著、吳佩珍譯：〈《日本語問題》的前奏——〈國民〉的詩歌與歌謠〉，

這種實際存在的近代國家性格就被淡化了。

　　以下，宮尾進的民謠創作，可以看出其本身民謠論述的體現：

木挽き唄／宮尾進〔註96〕	伐木之歌〔註97〕／宮尾進
阿里に來て見よ	來阿里山看唷
神木さんは	神木先生
太古そのまゝ	本身就是太古
いかめしい。	威風凜凜。
X	X
後ろ新高	後有新高山
前塔山の	前有塔山的
朝の雲界	早晨的雲海
血はおどる。	血液在湧動。
X	X
ダルマ岩かよ	石猴唷〔註98〕
おいらの守神	我們的守護神
沼の平まで	到沼平為止〔註99〕
丸太は宙よ。	圓木就是天空唷。

這是宮尾進的民謠組詩〈阿里山情懷〉（阿里山情緒）的其中一首，副標題為
「致去年一起去森林治水調查的人們，還有阿里山的樵夫先生們」〔註100〕。
宮尾進其他以台灣地方為題材的民謠組詩還有〈我的基隆一日遊〉〔註101〕。

　　　　《日本語在台灣・韓國・沖繩做了什麼？》（台北：致良出版社，2008 年 2
　　　　月），頁 248。
〔註96〕宮尾進，〈民謠 阿里山情緒──去る年森林治水の調査を共にせし人々とあ
　　　　の阿里山の杣夫さん達へ─〉，《臺灣日日新報》，1925 年 4 月 21 日。
〔註97〕「伐木之歌」（木挽き唄）在日語中，一開始意指山中的伐木工人工作時所唱
　　　　的歌謠，後來成為民謠經常使用的標題。
〔註98〕「眠月石猴」為阿里山的重要地形景觀，其岩石形狀在日語中被稱為「達摩
　　　　岩」（ダルマ岩）。
〔註99〕「沼平」為 1914 年開通的阿里山森林鐵路的最後一站，日文表記為「沼の平」。
〔註100〕同註96。
〔註101〕宮尾進，〈民謠 われ一日基隆に遊ぶ〉，《臺灣日日新報》，1925 年 7 月 30 日；

因森林治水調查而有機會前往阿里山的宮尾進，運用阿里山的地方素材，結合民眾的角度出發創作出這組作品。在上面這首民謠當中，宮尾進將阿里山神木視爲太古本身、並歌詠天然形成的石猴是人民的守護神，表現出其主張民謠應「回歸民土民眾、找回古老的對於國土與人類的愛」的原則。然而，這些出現在民謠中，所謂的「古老的」事物，包括新高山與沼平車站，都是日本人來此地之後才命名與設立的，跟民謠的概念本身同樣都是近代國家發展時所產生的事物。以「國家詩」來理解民謠的宮尾進，自然而然也成爲了述寫這個國家傳統神話的、推動日本近代國家建構的一員，並透過民謠創作，將其所看到的殖民地台灣風物也一同納入其中。

五、小　結

　　在通過明治期「新體詩」的嘗試後，大正期的詩開始朝著「口語自由詩」的方向前進。這是植基於口語詩人們對於言文一致的重視，在詩語的建構中一步步確立日本的「國民語」，也一步步打造出日本的「國民詩」。在這個過程中有特別重視音聲要素的傾向。該傾向在「新體詩—自然主義—民眾詩派」的系譜上有著一貫的表現。爲了考察大正期的詩語建構形態，本章觀察《臺灣日日新報》上詩作的創作方向，整理出以下特點。

　　第一，言文一致運動與口語自由詩運動的論述皆可在《臺灣日日新報》上看到，且始終關心著「什麼是理想的語言？」這樣的問題。該報上出現的第一首口語自由詩〈來自現場〉，爲口語自由詩運動以及社會主義詩風潮的影響下出現的作品。〈農夫之歌〉一詩則書寫了民眾詩派經常書寫的農民主題，描繪出美好國民的圖景。另一方面，爲了跟隨日本詩壇的腳步，《臺灣日日新報》上不只一次出現盜作事件，永田二葉的〈無緣塔〉即爲抄襲西條八十〈尼港的虐殺〉的作品。〈無緣塔〉將〈尼港的虐殺〉中的尼港事件改寫爲關東大地震，表現出殖民地人民與內地的連帶感。第二，日本的童謠・民謠運動是分別由不同契機發生、並在 1920 年合流的。日本重要的童謠詩人北原白秋、西條八十、野口雨情都與台灣有過接觸，並留下台灣相關作品。《臺灣日日新報》從 1920 年開始出現大量的童謠・民謠作品，也出現了許多歌謠論述。從日高紅椿的童謠〈台灣烏鴉〉和宮尾進的民謠〈伐木之歌〉中，可以看到台

宮尾進，〈民謠　われ一日基隆に遊ぶ（2）〉，《臺灣日日新報》，1925 年 8 月 7 日。

灣元素以被自然地放入童謠‧民謠當中，成為其國體幻想中的一部分。

　　從以上這些大正期詩作的創作現象，可以看出國家主義的詩歌系譜，到了殖民地台灣仍是詩壇主流。如何更進一步地在詩中收編台灣的風土與語言，是身在殖民地的創作者始終看重的問題。不論是日本近代詩史還是台灣新詩史，面對這批詩作的出土，都應重新思考其本身的形構方式，是否與這個系譜同樣仍困在某種共同體的幻想當中。

第四章　台灣詩人的口語自由詩：大正期日本近代詩的土著化（1921～1926）

一、前言：台灣詩人的「國語」體驗

　　日本在建構近代國家的過程中，將「語言」視為相當重要的整合項目。而日本近代詩的建構則與此「日本語＝國民語」的建構息息相關。這一點，在本論文的第二章及第三章，從日本近代的新體詩到口語自由詩的發展歷程中已經闡明。因殖民地領有而造成的帝國邊界的擴大、不同種族之人的納入，使得日本帝國面臨了一個新課題：如果「日本語＝國民語」的話，不懂「國民語」者如何能成為「國民」？日人在領台之初隨即意識到這個問題，因此領有台灣的最初階段，與軍隊的武力鎮壓同時並進的是「國語學校」和「國語傳習所」兩個以「國語」為名的教育機關的設置。這也顯示出要收編台灣為日本帝國的一部分，作為「國語」的「日本語」是支配殖民地相當重要的手段〔註1〕。

　　酒井直樹指出，日本在建立近代國民國家的過程中，將能夠使用「正確的日本語」者視為「最成功」的國民，故帝國內的殖民地人民始有學習「國民語」的必要。宗主國的語言和殖民地的地方語形成「標準語和方言之間，單方面學習志向的上下關係」，「為了標準語的普及，支持標準語學習的上昇志向的制度

〔註1〕小森陽一，《日本語の近代》（東京：岩波書店，2000 年 8 月），頁 177～178。

化是絕對必要的」〔註2〕。由實際狀況來看，台灣總督府在 1919 年及 1922 年
所頒布的〈台灣教育令〉便是此制度化的具體例證〔註3〕。作爲被支配者的殖
民地出身者，在面臨「國民語」的衝擊時，如何以學習國語爲志，並開始使用
「日本語」來創作口語自由詩，繼而進入日本近代詩的脈絡，爲本章所關心的
核心問題。前兩章當中所討論到的詩作皆是在台日人的創作狀況，本章將以殖
民地出身的台灣詩人爲中心，探討他們的創作起步與日本語乃至於日本近代詩
的建構有何關係，最後如何開創出與日本詩人不同的詩語。

　　大正後期，即口語自由詩的發展已趨完成的 1920 年代，隨著國語教育的
普及、留學教育的興起，能夠讀寫日本語的台灣人逐漸增加，少數受過留學
教育的台灣人則成爲新一代台灣社會位居領導階層的菁英份子〔註4〕。在這當
中，有志於文學者創作出台灣人最初的新文學作品。在過去的研究中，謝春
木與王白淵兩位詩人被前行研究看作是最早的日文新詩創作者。謝春木〈詩
的模仿〉（詩の眞似する）被認爲是「第一首台灣新詩」〔註5〕，王白淵《荊
棘之道》（蕀の道）則被認爲是「第一本台灣日文新詩集」〔註6〕，兩人的友
好關係亦使之經常被相提並論〔註7〕。然而從史料來看，謝春木〈詩的模仿〉
發表於 1924 年 4 月《臺灣》，王白淵最早的一首詩〈未完成的畫像〉〔註8〕發
表於 1926 年 9 月《臺灣日日新報》，兩首詩都並非最早發表，而已是台灣人

〔註2〕 酒井直樹，《死產される日本語・日本人：「日本」の歷史──地政的配置》（東
　　　京：新曜社，1996 年 5 月），頁 208～209。
〔註3〕 吳文星：「1919 年總督府明揭同化主義方針，根據差別原則，頒布『臺灣教育
　　　令』，確立臺灣人的教育制度。」「1922 年，復頒布新『臺灣教育令』，明訂中
　　　等以上教育機關（師範學校除外）取消臺、日人的差別待遇及隔離教育，開
　　　放共學。」「1922 年新『臺灣教育令』公布後，許多公學校紛紛擅廢漢文教學」。
　　　吳文星，《日治時期臺灣的社會領導階層》（台北：五南，2008 年 5 月），頁
　　　87、88、282。
〔註4〕 同前註，頁 104。
〔註5〕 陳千武，〈台灣最初的新詩〉，《臺灣新詩論集》（高雄：春暉，1997 年 4 月）。
　　　另外，謝春木〈詩的模仿〉和施文杞〈送林耕餘君隨江校長渡南洋〉孰是「第
　　　一首台灣新詩」的爭議，參見向陽，〈歷史論述與史料文獻的落差〉，《聯合報》，
　　　2004 年 6 月 30 日。
〔註6〕 目前已知陳奇雲的《熱流》（1930 年 11 月）較《荊棘之道》（1931 年 6 月）
　　　更早出版。
〔註7〕 對於謝春木、王白淵兩人的交遊及文學活動，詳見柳書琴，《荊棘之道：臺灣
　　　旅日青年的文學活動及文化抗爭》（台北：聯經出版，2008 年 5 月）。
〔註8〕 《臺灣日日新報》原文爲「未完成の畫『家』」，應爲誤植。詩的內文以及後
　　　來收入詩集中皆作「未完成の畫像」。

創作口語自由詩的歷程中較爲晚進、成熟者。證據就在於《臺灣教育》雜誌上，1922 年即已開始出現大量由台灣人所創作的口語自由詩及童謠作品，一直到大正期結束前皆發表不輟〔註 9〕。在謝春木與王白淵之前至少就有陳湘耀、莊月芳、莊傳沛、張耀堂、陳保宗、徐富、黃五湖、林世淙等詩人發表過日文新詩創作。前行研究幾乎未曾注意《臺灣教育》上的這批作品，其對於觀察台灣出身者如何開始創作口語自由詩，無疑是相當有利的史料。內容遠較其他同時期的媒體豐富，亦可見創作者的創作相關論述。因此，除了前兩章所使用的《臺灣日日新報》外，本章逐將《臺灣教育》一併放入此章主要考察的範圍中。

　　《臺灣教育》是日治時期刊期最長的雜誌（1900～1943 年）〔註 10〕。這份雜誌原是國語研究會所（後改名爲臺灣教育會）推行日文教育所創，有相當多教育相關的文章，是研究台灣近代教育史最重要的史料〔註 11〕。除了教育方面的論文外，此雜誌亦刊登文藝作品。早期刊登的文藝作品爲漢文欄上的漢詩，從 1920 年則開始刊登日文口語自由詩作品。起初皆爲在台日人詩作，但從 1922 年開始大量出現台灣人的作品。這些台灣出身的教育界人士是同時關心國語教育與日本近代詩的創作者。以日文創作新詩的謝春木與王白淵也同是推行國語師範教育的國語學校出身。由此可知，「國語」教育與台灣詩人最初的新詩創作經驗有著密不可分的關係。

二、「國語」作爲康莊大道

　　1922 年 2 月 6 日，在總督田健治郎的同化政策之下，台灣總督府頒布〈新台灣教育令〉，宣布取消台日人的差別待遇及隔離教育，開放共學〔註 12〕。此令頒布後的該年 3 月，童謠詩人莊傳沛〔註 13〕在《臺灣教育》發表〈我島民的至大幸福〉（我が島民の至大幸福）一文，肯定〈新台灣教育令〉，稱其爲「從根本上改造的理想性無差別新教育令」〔註 14〕，並列出了七項新教育

〔註 9〕　參見本論文附錄三。

〔註 10〕　1900～1901 年名爲《國語研究會會報》，1901～1911 年名《臺灣教育會》，1912
　　　　　年之後才改名爲《台灣教育》。

〔註 11〕　潘淑慧，〈臺灣教育史第一手資料《臺灣教育會》雜誌〉，《臺灣學通訊》第 9
　　　　　期（2009 年 10 月）。

〔註 12〕　吳文星，《日治時期臺灣的社會領導階層》（台北：五南，2008 年 5 月），頁 88。

〔註 13〕　莊傳沛（1897～1967），時任學甲公學校教諭。

〔註 14〕　莊傳沛，〈我が島民の至大幸福〉，《臺灣教育》第 258 期（1922 年 3 月），頁 78。

令的優點。第一項即爲「區別了國語常用者與非國語常用者」﹝註15﹞。因爲之前 1919 年的〈台灣教育令〉中，第一條「在台灣之台灣人之教育依本令」﹝註16﹞，開宗明義便從民族上區隔出「台灣人」，而在台「日本人」則不在此令的規定範圍中。然而 1922 年頒布的〈新台灣教育令〉並不再以民族區分，而是以「國語」區分。這似乎意味著台灣人也有機會進入「國民」的範疇當中。對此，莊傳沛讚道：「吾等將銘記天皇陛下一視同仁的恩賜，奮發勉勵，用最快的速度擺脫陋習，提出同化的成果。可望成爲渾然天成的日本國民的一份子而無愧。」﹝註17﹞由這段話可以看出，1922 年〈新台灣教育令〉的頒布，給予了殖民地出身者成爲「渾然天成的日本國民的一份子」的希望，而通往這條康莊大道的最重要手段便是「國語」。

　　1924 年 5 月，另一位台灣詩人張耀堂﹝註18﹞則在《臺灣教育》發表〈爲本島人的國語研究者而作〉（本島人の國語研究者の爲に）一文，特別針對做國語研究的「本島人」開出以下書單，並分別介紹這些書的內容（一）兒童用語研究：《赤鳥》；（二）國語常識：《東京語辭典》、《增補　現代的國語》、《標準語法精說》；（三）國漢的古書研究：《文檢考試用　爲國語科研究者而作》、《文檢考試用　爲漢文科研究者而作》；（四）新刊文學書：《日本現代文學十二講》；（五）內地的代表性報紙：《東京朝日新聞》。在文章中，張耀堂特別提到：「要如何在現今的文壇嶄露頭角呢？不能不知道的是，絕對非得通曉國語不可」﹝註19﹞。並指出目前台灣師範學校中，擁有優秀文筆的年輕教育者越來越多，真心期盼十年之後他們會有不可限量的前途。結語則道：「教育是宗教，而宗教的生命在於信條。我期待諸君的信條能夠無誤、渴望諸君更加投入地研究國語。今天我們台灣的青年正佇立於十字路口上，不正應該正視事物並選擇康莊大道前進嗎？諸君，請自重唷！」﹝註20﹞從這段話中，

﹝註15﹞同前註，頁 79。
﹝註16﹞〈新舊臺灣教育令條文對照〉，《臺灣教育》第 238 期（1922 年 3 月），頁 14。
﹝註17﹞同註 14，頁 80。原文：「天皇陛下一視同仁の思賚なるを銘記し奮勵一番速に陋習を脫して、同化の實を舉げ、渾然たる日本國民の一分子たるに恥ぢないことを期すべきである。」
﹝註18﹞張耀堂（1895～1982），時任臺北工業學校教諭。
﹝註19﹞張耀堂，〈本島人の國語研究者の爲に〉，《臺灣教育》第 263 期（1924 年 5 月），頁 54。原文：「文壇が只今如何に躍進し展開されてゐるか。これを知つて居らなければ決して國語通になれるものではない。」
﹝註20﹞同前註，頁 55。原文：「教育は宗教だ。宗教の生命は信條にある。予は諸君

張耀堂對於台灣人的建言、視國語為晉升正道的想法躍然紙上。另外在 1926
年 6 月〈國語的研究與我的希望〔為第三十回始政紀念日祝賀〕〉（國語の研
究と吾人の希望〔為第三十回始政紀念日祝賀〕）一文中，張耀堂更用 12 頁
的篇幅說明「國語」的形成，分別針對國語範圍的分類、國語的整理、改造
與教育中的「國字問題」、「口語文賞用」、「國語統一」等子題進行闡述，最
後提出普及地方國語的六大建議：（一）演劇的改良；（二）國語夜學會強烈
的推行；（三）兒童的會話練習；（四）訓導的語學修養；（五）獎學金的設置；
（六）簡易讀書室的設置〔註 21〕。這些都是特別針對台灣的國語推行所發出
的建議，文章中思考了相當多具體的作法，可以說是一篇通盤而全面、分別
從理論和實務出發來研究國語的文章。追根究柢，此國語問題的討論跟張耀
堂對台灣人出路的關心有著密不可分的關係。

　　莊傳沛與張耀堂是大正期在《臺灣教育》上發表最多詩作的兩位詩人，
前者主要創作童謠、後者則創作非童謠的口語自由詩。從兩人對於「國語」
的表態支持，可知當時的台灣人要在創作上與日本人平起平坐，其關鍵便在
於「國語」。

　　以下為 1933 年莊傳沛入選「國語普及唱歌」的詩作：

御稽古の夜／莊傳沛〔註22〕　　　　受訓之夜／莊傳沛

一、御稽古の夜の　　　　　　　　一、受訓之夜的
　　意氣込みよ　　　　　　　　　　　志氣高昂
　　國語がすら／＼　　　　　　　　　流暢地
　　言へて來た　　　　　　　　　　　說出國語了
　　私の心は　　　　　　　　　　　　我的心
　　踊つてる　　　　　　　　　　　　正雀躍著

の信條に誤謬のない樣に期待してゐた。益々熱心に國語を研究せられむ事
を渴望してゐた。今日我が臺灣の青年は正に十字街頭に立つてゐる。だが
事物を正視して大きな道を選んで進むべきではあるまいか。諸君、自重せ
られよ！」
〔註21〕 張耀堂，〈國語の研究と吾人の希望〔為第三十回始政紀念日祝賀〕〉，《臺灣
　　　　教育》第 276 期（1925 年 6 月），頁 59～70。
〔註22〕 〈國語普及唱歌入選發表〉，《臺灣教育》第 375 期（1933 年 10 月），頁
　　　　114。

二、御稽古の夜の　　　二、受訓之夜的
　　　歸り途　　　　　　　　歸途
　　　空には圓い　　　　　　天上圓圓的
　　　御月さま　　　　　　　月娘
　　　私の心は　　　　　　　我的心
　　　踊つてる　　　　　　　正雀躍著

從這首文語定型詩可以看到，莊傳沛對於七五調的新體詩詩型並不陌生。這首詩是應「臺灣教育會社會教育部」的懸賞募集之作〔註23〕。該會以「國語普及歌」爲主題，募集了百篇以上的作品，經過審查之後選出壹等一名、貳等兩名及佳作四名。莊傳沛的這首〈受訓之夜〉獲得佳作。除了莊傳沛外，其他入選者全都是在台日人。這個懸賞活動，自然是爲了總督府的國語推行政策而舉辦。所有的入選者皆遵循七五調的唱歌型式，在詩中闡述國語的重要性、讚頌國語的美好。而莊傳沛的此詩也依循著同樣邏輯，表達出流暢說出國語的雀躍之心。值得注意的是，這首詩相當具有童謠的情調，除了語言簡單、前後段重覆外，「月娘」亦是在童謠當中經常出現的詞彙。從這首詩的創作，可以看到莊傳沛對於國語普及的持續支持，並將其國語的體驗在詩作中展現出來。對於殖民地出身者而言，學習國語的雀躍之處，在於能夠晉升成爲「國民」的一份子，也意味著自己能夠似乎脫離彷彿次等國民的被殖民者身份。透過「國語」，不僅能自我彰顯，亦是能夠向外彰顯台灣出身者眼中所見的「台灣」的一種方式。

三、大正期台灣詩人的口語自由詩

（一）大正期台灣詩人的口語自由詩概況

　　大正期《臺灣教育》及《臺灣日日新報》上台灣詩人的口語自由詩作品，自 1921 至 1926 年，目前共採集有 101 篇〔註24〕，多數集中在 1922 至 1925 年這四年間。除前文述及的莊傳沛及張耀堂兩人外，其他在這段期間活躍的台灣詩人還有陳湘耀、莊月芳、陳保宗、徐富、林世淙、謝文倉、陳錦標、

〔註23〕 同前註。
〔註24〕 參見本論文附錄三。其中有兩篇（王白淵的〈落葉〉）爲重覆刊登，故實際數字爲 100 篇。

方金全、陳紅生、王白淵等。詩作題材相當豐富多元，除大多歌詠自然的童謠外，亦有抒發對社會、人生、自我、生死或以詩論詩的作品。

　　《臺灣日日新報》於 1911 年出現最初的口語自由詩、1920 年開始出現大量口語自由詩，《臺灣教育》也於 1920 年開始刊登口語自由詩作品〔註 25〕。在這之前，和《臺灣日日新報》一樣，《臺灣教育》上也都是刊登七五調的文語定型詩，尤以歌功頌德的唱歌類作品爲大宗。1921 年開始，《臺灣教育》出現童謠作品。1922 年，《臺灣教育》首次刊登了由台灣人所創作的非童謠類口語自由詩作品，且連續四期都是同一位作者，該位作者便是張耀堂。其口語自由詩的發表數量與持續性在當時台灣人中可說是獨一無二〔註 26〕。以下便介紹其創作的第一首口語自由詩。

（二）台灣詩人的第一首口語自由詩

　　張耀堂在 1921 年 3 月從東京高等師範學校完成學業回台，於臺北工業學校任教。之後便開始在《臺灣教育》上發表作品。首先在 1922 年 6 月發表的兩首口語自由詩皆爲譯詩，分別是譯自英國女詩人 C.G.Rossetti 的〈虹〉和 Free Lance（自由作家）的〈新朋與舊友〉（舊き友と新しき友）〔註 27〕。由此可見，張耀堂開始摸索作詩的方法也與前行日本詩人一樣，是藉由翻譯西洋作

〔註 25〕目前可見最早刊登的是《臺灣教育》第 221 期（1920 年 10 月）中的〈海之歌〉（海の歌／越生）、〈兩個罪〉（二つの罪／上田喜太郎）兩首。

〔註 26〕邱各容考察張耀堂的生平，指其「出身望族，其父張德明在清代爲拳山堡内湖莊地方總理，曾在木柵聞人張達斌麾下任參謀長。日治時期曾任臺灣總督府民政局通譯、臺北州議會員、木柵區長、深坑庄長」（邱各容，〈被遺忘的一方天地——張耀堂〉，《全國新書資訊月刊》（2007 年 10 月），頁 8）。從曾經擔任通譯來看，其父張德明應該很早就瞭解到在日本統治之下，要與日人溝通並取得重要職位，就必須要學習「國語」。邱各容續指出「張耀堂自 1914 年（大正 3 年）3 月國語學校本科畢業後，旋即赴日就讀東京高等師範文科，同期畢業同學共 57 位，唯獨他繼續赴日深造，其餘分發到全島各地公學校擔任『訓導』，在那個年代，本島學生能夠就讀國語學校已經是一件不容易的事，更何況是前往日本留學，這也足以反映張耀堂家境富裕之一斑了」。張家富裕雖是事實，不過張德明很早就體認到學習「國語」的必要性，知道語言能力將是子女出人頭地的關鍵，應才是他比任何人都早一步將張耀堂送去宗主國學習的原因。也因此造就張耀堂比其他台灣人都早一步創作出日文口語自由詩的契機。

〔註 27〕C.G.Rossetti（1830～1894），爲英國十九世界著名女詩人。張耀堂所翻譯的〈虹〉原文爲 The Rainbow，全詩有兩段，而張耀堂只譯出第二段。至於〈新朋與舊友〉的原詩則不可考。

品爲起步。接著在 1922 年 8 月，張耀堂發表了他的第一首口語自由詩——也
是目前可見台灣詩人的第一首日文新詩〈致居住在台灣的人們〉（臺灣に居住
する人々に），全詩如下：

臺灣に居住する人々に／張耀堂〔註28〕	致居住在台灣的人們／張耀堂
（彼女—臺灣は天惠の豐かな所であつ	（她——台灣是天賜的豐饒之
て、私共の大に居住すべき所であつ	地、我們平時所居住的地方。
た。臺灣に居住する人々、これは國語	居住在台灣的人們：這裡是指
を常用する者（教育令第二條）國語を	國語使用者（教育令第二條）
常用せざれる者（教育令第三條）の總	和非國語使用者（教育令第三
てを意味する。詩中にある島の人も、	條）的總稱。詩中的島上之人
亦これを指示してゐる。私共は固より	也是指這個意思。我們一直以
彼女を愛して來たのであつた。が、私	來就是愛她的，不過，雖嫌多
は蛇足ながら更に彼女を愛すべき旨を	餘我還是試著敘述了她的可愛
説いてみた。ただ、私は青年教育者の	之處。但是，因爲我是一個青
一人であるから、所説よく青二才の臭	年教育者，連自己都懷疑自己
味を脱し得るか否かを、自分ながら疑	是否還乳臭未乾呢。讀者唷，
つてゐる。讀者よ海容してくれ！）	還請海涵！）
美しき南の島よ	美麗的南島唷
名も玉山の聳え立つ高砂島よ	聳立著名玉山的高砂島唷
汝の北は溫帶だ	你的北邊是溫帶
そして南は熱帶である	而南邊是熱帶
そこには、あらゆる	在那裡，全都是
薰香烈しき花卉が笑ふ	薰香濃郁的花卉在歡笑著
そこには、あらゆる	在那裡，全都是
甘味宜しき木の實が實る	甜味絕佳的樹果結實纍纍
米や鹽や茶や金など、汝は	米、鹽、茶、金子等等，你
惜げもなく、島の人に與ふ	毫不吝惜地給與島上的人
あゝ互のあらを言はないで	啊，別去說彼此的不是

〔註28〕 張耀堂，〈臺灣に居住する人々に〉，《臺灣教育》第 243 期（1922 年 8 月），
頁 47。

彼女を教導しよう―　　　　　　　教導她吧――

神に御名に於いて！　　　　　　　在神的威名之下！

おゝ親愛なる島の人々よ　　　　　喔，親愛的島上人們唷

張耀堂寫了一大段的序言來說明該詩，可見他在《臺灣教育》上第一次發表口語自由詩的態度謹愼。序言特別指出「居住在台灣的人們」是「國語使用者（教育令第二條）和「非國語使用者（教育令第三條）」〔註29〕。這裡的教育令指的是前文所提到的，1922年總督府所頒布的〈新台灣教育令〉。該令第二條爲「常用國語者之初等普通教育依小學校令」，第三條爲「不常用國語者其初等普通教育爲公學校」〔註30〕。這是所有在台灣發表的日文新詩中，第一次明確意識到「非國語使用者」的存在的作品。之前在台日人的詩若有提到「新領土之民」或「台灣人們」，皆是將之當成一個模糊的整體來看待，並未區分內部的組成〔註31〕。張耀堂此詩開宗明義地表明將依循〈新台灣教育令〉的邏輯：非以出身台灣與否，而是以使用國語與否爲區分方式。這種區分方式隱含了「日本人」與「非日本人」並非是以「宗主國人民」與「殖民地人民」來區分，而是以「國語使用者」和「非國語使用者」來作爲標準的意圖。這與酒井直樹所談到的「國民」定義是相符合的。由此可見，「國語」的意識從一開始便相當鮮明地存在於張耀堂的思考中。

　　詩中「美麗的南島唷」、「聳立著名玉山的高砂島唷」、「親愛的島上人們唷」等句子，明顯受到民眾詩派所常用的「呼喚」（呼びかけ）手法所影響，坪井秀人提及民眾詩經常建構出一個「國民／民眾」的幻象進行「呼喚」〔註32〕。從此詩中一片安詳和樂的氣氛中，確實有著這樣的意味。然而這裡的「國民」卻已和在台日人所指的有所差異。從其明確指出「國語使用者和非國語使用者」來看即可得知，作爲一個「非國語使用者」的殖民地出身者，張耀堂比誰都瞭解「國民」並不是一個均質化且渾然天成的存在，而是要經由「教導」、「學習」

〔註29〕同前註。

〔註30〕〈新舊臺灣教育令條文對照〉，《臺灣教育》第238期（1922年3月），頁14～15。

〔註31〕「新領土之民」爲〈大國民唱歌〉中出現的詞，參見本論文第二章：「台灣人們」則見於〈醒醒吧＝母國的人們唷＝〉一詩，參見本論文第三章。

〔註32〕坪井秀人，《声の祝祭――日本近代詩と戦争》（愛知：名古屋大学出版会，1997年8月），頁27。

才能夠成為的身分。「別去說彼此的不是／教導她吧」的呼告，可以看作是張
耀堂「支持標準語學習的上昇志向」的反映。

　　此詩雖離 1907 年日本第一首口語自由詩〈垃圾堆〉已經過了 15 年，然
而就台灣詩壇的情形來說，《臺灣日日新報》也是在 1922 年 6 月「水曜文藝」
欄位設立才開始大量出現口語自由詩。可見台灣詩人創作口語自由詩的起步
與在台日本詩人相差無幾。在數量上雖不算太多，但已可看到其中對日本近
代詩的接受及作為殖民地出身者的台灣詩人獨特的思考及表現。

　　此詩之後，張耀堂又陸續發表了多首詩作〔註33〕。其口語自由詩最大的
特色是篇幅相當長，四、五十行的篇幅相當常見。在〈參與展覽會〉、〈初春
的話〉兩首詩中，可以看到張耀堂連綿不絕地讚頌著日本所帶來的近代性。
另一方面，他的詩中經常可以看到前述的「呼喚」手法，如「美麗的南島哟」
這樣的句子不只出現過一次。其標榜自己站在殖民地台灣的位置、朝向近代
國家國民的志向在詩中屢見不鮮。

（三）台灣詩人對日本近代詩之接受

　　1927 年 11 月，張耀堂在《臺灣教育》發表了〈新詩的發芽及其發育〉
（新しい詩の芽生と其の發育）一文。從這篇文章當中，可以看到台灣詩人
對於日本近代詩的認識。該文首先從明治維新以後歐美文化的輸入說起，並
且說明「新體詩」名稱的確立是在明治 15 年的《新體詩抄》出版之後。接
著便介紹此時期的浪漫主義思潮以及明治 15～30 年間所出版的詩集，並特
別介紹島崎藤村的《若菜集》。文中稱明治 30 年以前的這段時間為詩壇的「發
芽時代」，而明治 31 年至日俄戰爭期間則為「成長時代」。張耀堂介紹島崎
藤村、土井晚翠、薄田泣菫、蒲原有明四人作為成長時代的代表人物。而日
俄戰爭以後至今（1927 年）則為「全盛時代」，首先是上田敏的《海潮音》
所引起的象徵主義的風潮，繼之而起的則是自然主義的興盛，而後是明治 40
年川路柳虹的〈垃圾堆〉（塵溜）所引發的口語自由詩運動、大正 3 年白鳥
省吾、富田碎花提倡的民眾詩運動等。

　　至此，張耀堂作出以下評價：「口語自由詩運動從形式上指示了新詩的光明，
將詩從新體詩的束縛中解放了。民眾詩運動則是在其內容之上更加自由的表現，
呼喚出人類的本質。且民眾是抱持自己的藝術，傾聽人生的解救之歌。詩再也不

〔註33〕參見本論文附錄三。

是爲藝術爲藝術，而必須是爲人生而藝術、爲生活而藝術不可。」〔註34〕從這段話可以爲張耀堂的口語自由詩創作找到理論依據。在介紹其他詩派及思潮時，張耀堂皆平鋪直述，但在介紹民眾詩運動時特別表達了他的詩觀。可見他認爲民眾詩的創作理念才是口語自由詩發展的正道。在這之後，張耀堂還介紹了一戰之後的未來派、表現派、達達主義等大正末期的前衛思潮，不過對於這股思潮，張耀堂表示「未來派、表現派、達達主義的主張，無論如何我都無法鑑賞」〔註35〕。由此可知，張耀堂對於從最初的新體詩到最新潮的前衛詩等日本近代詩的狀況皆有所掌握，而較爲認同民眾詩派的主張。

（四）民眾詩的實踐之作

在民眾詩派興盛的 1920 年代，認同該詩派的台灣詩人不只有張耀堂。民眾詩派著重使用平易近人的口語、主張爲人生而藝術、表現生命的自覺等特點，相當爲殖民地詩人所接受。對甫學習非母語的「國語」、並且關心自身土地與命運的台灣詩人而言，民眾詩派的語言並不困難，且似乎較容易與土地、人民相互連結。由大正期《臺灣教育》、《臺灣日日新報》上的台灣詩人作品中即可看到民眾詩派的實踐之作，如以下〈親近土地〉（土に親しむもの）一詩：

土に親しむもの（臺南運河開鑿工事中の所見）／臺南　方金全〔註36〕	親近土地（臺南運河開鑿工程之所見）／臺南　方金全
輝かしい夏の空 太陽の光に反射する大地に焦茶色の 裸體男らが鍬を光らして	耀眼的夏日晴空 反射陽光的大地上，古銅色裸體 男人們的鐵鍬閃閃發光

〔註34〕張耀堂，〈新しい詩の芽生と其の發育〉，《臺灣教育》第 303 期（1927 年 11 月），頁 24。原文：「口語自由詩運動は、其の形式上から新しい詩の光明を指示し、詩を新體詩の束縛から解放したが、民眾詩の運動は其の内容に於て更に自由な表現に於て詩を人間の本然の叫びにした。そして民眾は自ら藝術を持ち、人生に救ひの歌を聞いた。詩はもはや藝術の爲めの藝術でなしに、人生の爲めの藝術、生活の爲めの藝術でらければならないものとなつた。」

〔註35〕同前註，頁 25。原文：「未來派、表現派、ダヽイズムに如何に主張があつても吾人は之を鑑賞する事が出來ない。」

〔註36〕方金全，〈土に親しむもの〉，《臺灣教育》第 279 期（1925 年 9 月），頁 61。方金全，時任臺南州安平公學校訓導。

たゆまざる精力を	以不懈怠的精力
つづけて土を掘る	持續地掘著土
なんといふ平和な勞働に	在如此和平的勞動中
生きた人々だ	生存的人們
純朴な生活に樂しき夕げの歡びが思	在純樸的生活中，想必總是愉快
はれる	地享用晚餐吧

此詩標示爲「臺南運河開鑿工程之所見」，可見描寫對象爲台灣的勞動人民。
詩中所描寫的勞動之美好與快樂，與本論文第三章所介紹 1923 年《臺灣日日
新報》上後藤武〈農夫之歌〉的情調非常相似：「在無盡曠野的西邊彼方／紅
色光輝中下沉的太陽／年輕農夫敲下的一鍬一鍬／都閃閃發光，耕耘著芳香
四溢的土壤」。除了在陽光中揮動鐵鍬的情景類似外，〈農夫之歌〉中「他的
勞動沒有詛咒只有歡喜」也與〈親近土地〉中「如此和平的勞動」一句有著
異曲同工之妙。將民眾的勞動包含在一個整體之中，將之視爲「和平」的象
徵。由此詩可知，台灣詩人接受日本民眾詩派的同時，也將「飛越了階級」
的民眾幻象帶進其詩作當中。在這樣的詩作中找不到對於階級或種族的反抗
意識，而忠實地呈現出台灣詩人對民眾詩派的實踐。

另外，《臺灣日日新報》上謝文倉的〈致女學生們〉（女學生達に），則與
張耀堂〈致居住在台灣的人們〉一詩情調類似，全詩內容如下：

女學生達に／桃園　謝文倉 [註37]	致女學生們／桃園　謝文倉
突立つておやりなさい。	請妳挺起妳的腰。
眉張つておやりなさい。	請妳揚起妳的眉。
横顔を見られたとて	就算被看見了側臉
パラソルを傾けるよりか	比起傾斜妳的洋傘
何故パッチリした涼しい目を	爲何不張開妳又大又美的眼睛
見開いて見返して上げないの？	並回眸一望呢？
異性に戀せられたとて	想要受到異性愛慕的話

〔註37〕謝文倉，〈女學生達に〉，《臺灣日日新報》，1924 年 4 月 14 日。謝文倉之生平
　　　　不詳。

周圍の壓迫を心配するよりか	比起擔心周圍的壓迫
何故胸に燃える輝かしい光を放ちて	爲何不綻放妳胸中燃燒的光輝
眞を求める人の前途を照らして上げないの？	照耀追求眞理之人的前途呢？
美しい臺灣の女學生達よ	美麗的台灣女學生們唷
俺達はどんなに	我們是多麼地
皆さん達の自覺を希つてゐるんだらう	希冀著大家的自覺
皆さん達に憤起を望んでゐるんだらう	盼望著大家的憤起呀
一九二四、二、一二日	一九二四、二、一二日

和〈致居住在台灣的人們〉一樣，此詩突顯了「台灣的」女學生們。敘述者同樣擔任啓蒙者的角色，在詩中呼喚著某個廣泛的對象。此詩以「台灣女學生們唷」這樣的呼喚作爲核心，平易近人的語言與「呼喚」手法皆爲民眾詩的特質。然而此詩與日本民眾詩的不同在於，呼喚的對象從「日本國民／民眾」變成「台灣女學生們」，不再是一般民眾詩中空泛的民眾幻象。詩尾所強調的「自覺」與「憤起」，也與一般民眾詩所呈現一派詳和的氣氛稍有不同。1920 年代爲日本女性自覺的思想風起雲湧的時代，謝文倉在詩中倡議此一新思想，並將之台灣女性的命運相互連結。可以說是以民眾詩的形式表現了殖民地知識分子的思想覺醒。

（五）與台灣新詩史的接點

　　與〈致女學生們〉同樣在 1924 年 4 月發表的追風（謝春木）〈詩的模仿〉，在除去其「台灣第一首新詩」的地位後，放回本論文脈絡裡來看，其調性也與民眾詩有相近之處：

詩の眞似する／追風〔註38〕	詩的模仿／追風
□蕃王を讚美する	□讚美蕃王
私はお前を讚美する	我讚美你
お前は汝の手で汝の力で	你用你的手你的力
汝の王國を建設する	建設你的王國
汝の愛人を獲得する	獲得你的愛人

〔註38〕追風，〈詩の眞似する〉，《臺灣》，第 5 年第 1 號（1924 年 4 月 10 日）。

お前は人の功を盜まない。	你不偷竊別人功績
私はお前を讚美する	我讚美你
お前は僞らずに飾らずに	你不虛僞不矯飾
汝の欲するものを欲する	欲你所欲
汝の愛するものを愛する	愛你所愛
お前は上品振らない。	你不假裝高貴
□石炭を稱へる	□稱頌煤炭
深山に深く	深藏在深山
地中に長く	長埋在地下
地熱に數万年も蒸された	被地熱蒸過數億萬年
お前体は眞黑だ	你的身軀黑亮
黑ければ冷たし	黝黑而冷卻
赤くなれば熱い	燒紅就熾熱
燃えては白金を溶かす	燃燒足以熔解白金
お前は何も殘す氣はない。	你什麼都不留下〔註39〕

以上爲〈詩的模仿〉四首組詩中的前兩首。民眾詩的特性在於讚美樸素的人類、讚美自然等〔註40〕。從這兩首詩讚美蕃王的「不虛僞不矯飾」、稱頌「被地熱蒸過數億萬年」的煤炭中，可以看到這樣的特性。然而，爲何謝春木會選擇「蕃王」、「煤炭」作爲書寫對象？首先，「蕃」相對來說，是這塊土地上尚未受到文明的各種束縛與矯飾的人種；再者，「煤炭」是生之於自然的事物，以「讚頌」的方式來書寫自然與人類，是民眾詩常見的書寫方式。以詩的「模仿」爲題，謝春木生平所寫的唯一一首詩，可以說反映出當時日本詩壇所流行的語言形式。特殊的是，在詩中讚頌「蕃王」這個只存在於殖民地的、過去被視爲野蠻及「攪亂和平」的對象，可以看出謝春木在詩中所要突顯的台灣特性。與過去民眾詩中所建構的統一日本國民的形象產生了關鍵性的差異。

〔註39〕 筆者譯。另有月中泉譯，收錄於《亂都之戀》（台北：遠景，1997 年 7 月），頁 3～6。
〔註40〕 信時哲郎，〈民眾詩派とその周緣〉，和田博文編，《近現代詩を學ぶ人のために》（京都：世界思想社，1998 年 4 月），頁 136。

　　另一位在台灣新詩史的草創期，因詩集《荊棘之道》受到重視的王白淵，在大正期《臺灣日日新報》上也發表了兩首詩〈未完成的畫像〉〔註41〕及〈落葉〉〔註42〕。王白淵在 1923 年至東京以後，接受了各方思想的刺激。前行研究多提及 1924 年訪日的印度詩人泰戈爾及日本詩人石川啄木對他的影響〔註43〕。〈未完成的畫像〉與〈落葉〉兩首詩皆於 1926 年發表，表現出王白淵孤獨敏感、猶移未定的心靈風景。1931 年詩集《荊棘之道》的出版，可以看出王白淵更成熟的表現、也較能觀察出詩語的受容。舉詩集開頭的〈序詩〉為例：

序詩／王白淵〔註44〕　　　　　　　序詩／王白淵

太陽の出ない前に魂の胡蝶は　　　　太陽尚未出來以前，靈魂的蝴蝶
地平の彼方へと飛んで行く　　　　　向著地平線的那邊飛去
君も知る—この胡蝶の行方　　　　　你知道的——那蝴蝶的去向
友よ！　　　　　　　　　　　　　　朋友唷！
共同の作業のために　　　　　　　　為了共同的志業
標介柱を撤廢しよう　　　　　　　　撤廢標界柱吧
尊き戰地の彼方へ——　　　　　　　向著尊貴的戰地那邊——

吾も知る—君も知る　　　　　　　　我知道的—你也知道
地平の彼方の光　　　　　　　　　　地平線那邊的光亮
東天に輝く黎明のしるし　　　　　　在東方天空閃耀著黎明的印記
友よ！　　　　　　　　　　　　　　朋友唷！

〔註41〕王白淵，〈未完成の畫家〉，《臺灣日日新報》，1926 年 9 月 3 日。「家」應為「像」之誤植。

〔註42〕王白淵，〈落葉〉，《臺灣日日新報》，1926 年 9 月 26 日、1926 年 12 月 3 日。刊出兩次內容相同。

〔註43〕陳才崑，〈『王白淵‧荊棘的道路』導讀〉，陳才崑譯，《王白淵‧荊棘的道路（上冊）》（彰化：彰化縣立文化中心，1995 年 6 月）；橋本恭子，〈尋找靈魂的故鄉：王白淵日本時期的思想形成〉，莫渝編，《王白淵　荊棘之道》（台中：晨星出版，2008 年 11 月）。

〔註44〕王白淵，《棘の道》，河原功編，《台灣詩集》（東京：綠蔭書房，2003 年 4 月）。

お互に兄弟たるべく　　　　　　　爲了成爲彼此的兄弟姊妹

國境の墓標を撤廢しよう　　　　　廢撤國境的墓碑吧

聖なる吾等が亞細亞のために――　爲了我們神聖的亞細亞――

一九三〇・二・五　　　　　　　　一九三〇・二・五

前行研究常從《荊棘之道》中尋覓王白淵的抗日性格及左翼思想，似乎爲了驗證王白淵戰後〈我的回憶錄〉中對日本帝國主義的控訴〔註45〕，或者爲了證明台灣新詩創始期即夾帶著強烈的民族主義登場。然而，姑且不論王白淵戰後的文章是否能代表其戰前作品的思想內涵，即便在當時王白淵的確有著反抗的意識，也不一定能夠在詩中表現出來。陳芳明即明白指出「企圖從現有譯成漢文的王白淵新詩，來窺探他的左翼思想，確實是相當困難的」〔註46〕。

　　針對此詩具有爭議的「廢撤國境的墓碑吧／爲了我們神聖的亞細亞」二句，柳書琴指出「這個世界主義的理想，也就是他在〈泰戈爾論〉、〈甘地論〉中逐漸建立起來的，以東方文明論爲基調的左翼文明史觀勾勒出來的明日世界」〔註47〕；橋本恭子也認爲「其來源也許有兩個：一是二〇、三〇年代的國際共產主義；二是泰戈爾的思想」〔註48〕，皆企圖從其他線索來解釋此詩具有左翼思想。然而，就詩作本身而言，確實沒有看到任何對帝國的批判，而旨在營造出一片充滿希望的和平景像。此處並非要討論王白淵本人是否具有左翼思想，而是其明顯可見承襲自當時大正期民眾詩派的詩語，並無批判或抵抗的表現。詩中出現兩次的「朋友唷！」爲民眾詩常見的對空泛對象的呼喚，「廢撤國境的墓碑吧／爲了我們神聖的亞細亞」則呈現出民眾詩中「飛越了階級的」、「『民眾』這種無色且國際式的存在」〔註49〕。類似的手法與情

〔註45〕王白淵，〈我的回憶錄〉，陳才崑譯，《王白淵・荊棘的道路（上冊）》(彰化：彰化縣立文化中心，1995年6月)。

〔註46〕陳芳明，〈日據時期台灣新詩遺產的重估〉，《台灣文藝》第83期（1983年7月）。此文後收錄於《左翼台灣》（台北：麥田出版，1998年10月）。

〔註47〕柳書琴，《荊棘之道：臺灣旅日青年的文學活動及文化抗爭》（台北：聯經出版，2008年5月），頁119。

〔註48〕橋本恭子，〈尋找靈魂的故鄉：王白淵日本時期的思想形成〉，莫渝編，《王白淵　荊棘之道》（台中：晨星出版，2008年11月），頁161～162。

〔註49〕坪井秀人，《声の祝祭――日本近代詩と戦争》（愛知：名古屋大学出版会，

調在《荊棘之道》中並不鮮見。

可以更明顯觀察出王白淵詩語中與民眾詩派的相似處，在〈春之朝〉（春
の朝）一詩末段對於農夫的描寫：

春霞棚引く田園の彼方	春霞籠罩在田園的那一邊
幻に見える素朴な農夫の姿	樸素農夫的姿態看來宛如幻影
神の祝福に喜び溢れてか	在神的祝福中洋溢著喜悅
閑かな牧歌が風の調に乘つて來る	閒適的牧歌乘著風的調子而來
太陽は上つた──平和な朝に〔註50〕	太陽升起了──在平和的早晨中

此段與第三章後藤武〈農夫之歌〉〔註51〕、本章方金全〈親近土地〉〔註52〕
兩首詩情調相當類似。詩中皆出現了「和平」與「樸素」這些民眾詩的關鍵
詞。在描寫勞動者時，並不像真正的普羅詩寫出其勞苦或受資方壓迫的一面，
而在詩中勾勒出美好的民眾圖像。不論王白淵是否有意識地寫出這樣「超越
了國境及階級」的詩作，其確實在詩中參與了日本民眾詩派對於「民眾」的
幻象建構。此為前行研究從民族主義或左翼觀點出發時，所無法察覺到的面
向，也是初期台灣新詩確實帶有的性格。

四、大正期台灣詩人的童謠

（一）大正期童謠運動的影響

就和明治期的「新體詩」和「唱歌」是密不可分的一樣，大正期的「口
語自由詩」和「童謠」也有著密切的關係。在大正期童心主義的影響之下，
1918 年，鈴木三重吉的兒童文藝雜誌《赤鳥》（赤い鳥）創刊。詩人北原白
秋在該刊物對童謠的提倡，掀起了大正期的童謠運動。北原白秋批評明治期
的「唱歌」缺乏美、生命、也缺乏童心，且歌詞也雜蕪拙劣。他主張美育絕
不可與智育和德育分開思考，藝術教育應該是要發揚出兒童本質的「真」才
對〔註53〕。從藝術上來考慮兒童歌曲的北原白秋，以詩人的身份介入童謠的

1997 年 8 月），頁 14。
〔註50〕 王白淵，《棘の道》，河原功編，《台湾詩集》（東京：綠蔭書房，2003 年 4 月）。
〔註51〕 參見本論文頁 60～61。
〔註52〕 參見本論文頁 89。
〔註53〕 北原白秋，〈小学唱歌々詞批判〉，《綠の觸角》（東京：改造社，1929 年 3 月；

創作，使得童謠成爲了一種值得重視的藝術種類。在這之前，童謠並未被視
爲一種獨立的文類。而在這股童謠運動之後，童謠成爲在近代日本足以與
詩、短歌並駕齊驅的領域〔註54〕。換句話說，1920 年代當時，童謠與詩的界
線是模糊而並無明顯區隔的，直到童謠產生了許多傑作、成爲一種全面性的
創作運動，童謠才正式被從詩分類出來。

　　1920 年代，童謠運動如火如荼地展開，爲當時停滯不前的詩壇注入了新
的刺激〔註55〕。口語詩人川路柳虹在回顧 1921 年的詩壇時談到，在自由詩散
文化之後，爲了塡補讀者的失望，「童謠、民謠、小曲等歌曲方面」的發展清
晰可見〔註56〕。由此可知，童謠、民謠等新興文類的創作語言，對口語自由
詩的創作可以說是一種活化，被當作是新時代的詩語來看待。

　　童謠的流行也傳到了殖民地台灣。除了本論文第三章所談到《臺灣日日新
報》上出現大量童謠創作外，《臺灣教育》雜誌也在同一時間掀起了童謠的
旋風。1921 年 6 月，《臺灣教育》刊出了〈募集童謠〉（童謠を募集いたしま
す）的文章，內文提到：「台灣有百萬的兒童，但可有爲了這些可愛的兒童的
清新而典雅的歌謠嗎？有與台灣的自然相輔相成、立足於原野、山巒、河流、
海洋，自然而能朗朗上口的歌謠嗎？有以大人內心抒發的唱歌、歌頌內地自
然的作品。然而，那些是能讓兒童高聲地打從心底歌唱的作品嗎？能夠考慮
到孩子們胸中滿漲的思想感情，並與之完全符合嗎？無論如何台灣應該要有
台灣的歌。無論如何孩子必須要有孩子的歌不可。尤其沒有適合本島人的孩
子們的歌謠，這是相當不幸且不足的事。這件事長久以來並沒有受到重視。
不，即使受到重視，卻沒有將之實行，一定是這樣沒錯。茲此，本會爲了我
們所親愛的孩子們，決定募集童謠。」〔註57〕這段話相當受到以童心主義爲

　　復刻版：東京：久山社，1987 年 11 月），頁 242～244。原文最初發表於《藝
　　術自由教育》1921 年 11 月號。
〔註54〕中路基夫，《北原白秋——象徵派詩人から童謠・民謠作家への軌跡》（東京：
　　新典社，2008 年 3 月），頁 140。
〔註55〕坪井秀人，《感覚の近代——声・身体・表象》（名古屋：名古屋大学出版会，
　　2006 年 2 月），頁 240。
〔註56〕同前註。
〔註57〕〈童謠を募集いたします〉，《臺灣教育》第 229 期（1921 年 6 月），頁 88。
　　原文：「臺灣に百萬の兒童はありますが、其の可憐な兒童の爲めに、清新
　　にして雅醇な歌謠があるでせうか。臺灣の自然によく合致して、野に山に
　　川に海に、自づと口ずさまれるやうな歌謠はあるでせうか。大人の心で抒
　　べた唱歌や、内地の自然を歌つたものはあります。然し、それらは兒童が

中心的童謠運動影響，認爲兒童必須要有符合兒童的歌謠。且文中特別提到「台灣應該要有台灣的歌」、要有「適合本島人的孩子們的歌謠」，從此宗旨來看，《臺灣教育》對「本島人」是友善且有所期待的，這應也是之後該刊募集並刊登如此多本島人作品的原因。

（二）大正期台灣詩人童謠概況

　　1921 年 8 月，《臺灣教育》首先刊出常念坊、多仲哀二、柳川和久、青瓢生、惠津子等在台日人童謠。到了 1921 年 11 月，開始刊登第一首台灣人的童謠，陳湘耀的〈手指〉（テノユビ）。縱觀大正期台灣出身者的口語自由詩作品，《臺灣日日新報》、《臺灣教育》上共採集到 101 篇，標示爲「童謠」的作品即有 40 篇，所佔比例超過全體三分之一。其中發表數量最多者爲莊傳沛。莊傳沛不僅發表數量多，亦經常得獎，在《臺灣教育》上可由「賞」、「佳作」等字樣看到其童謠作品的得獎記錄。

　　1921 至 1922 年《臺灣教育》可看到和 1920 年代初的《臺灣日日新報》一樣，受到日本童謠運動風潮的影響，台灣詩人的童謠作品相當多。至 1926年則可明顯看到童謠作品數量銳減的情況。雖然《臺灣日日新報》仍然有童謠作品的刊登，但隨著大正期的結束，《臺灣教育》上童謠的黃金時期似乎也隨之結束，之後《臺灣教育》不再有如此密集的童謠刊登情形。

　　與《臺灣日日新報》上的童謠比起來，《臺灣教育》所刊登的童謠較爲鮮明地表現出台灣的風物。《臺灣日日新報》上的作品多爲星星、月亮、太陽、風雨等自然風物，《臺灣教育》上雖也不乏這類題材，但是從最初的 231 期即開始有描寫芒果、香蕉等台灣水果的童謠。就台灣詩人的童謠而言，可以看到內容從甘蔗到木瓜、龍眼、鳳梨、文旦等台灣水果取材的情形。

（三）台灣詩人對日本童謠詩人的接受

　　從童謠創作最豐富的莊傳沛的詩作及詩論中，可以明顯看到其對於日本

　　聲張りあげて、心から歌ふ氣になれるものでせうか。子等が、胸一杯に漲る思想感情に、ピタリと合ふことを考へ得られませうか。どうしても臺灣には臺灣の歌がある筈です。どうしても子供には子供の歌がなければなりません。殊に本島人の子供等に適した謠歌のないことは何といふみじめな物足りないことでせう。これは、長い間、顧みられなかつたことです。否、顧みられつゝも、つひ實行されずにあつたことにちがひありません。茲に本會は、我等が愛する子等の爲めに、童謠を募集することにいたしました。」

童謠詩人野口雨情、北原白秋等人的學習及模仿。舉其〈甘蔗田〉（甘蔗畑）
一詩爲例：

甘蔗畑／莊傳沛〔註58〕	甘蔗田／莊傳沛
大空高く	天空既高
又はれた	且晴朗
いつまで暑い	熱天一直
日がつゞく	持續著
甘蔗畑に	在甘蔗田上
ぢり／＼と	赫赫炎炎地
強い力で	強而有力地
照りつける	照射著
甘蔗畑の	甘蔗田的
百姓は	農民
空と甘蔗を	眺望著
眺めてる	天空與甘蔗

甘蔗田爲台灣農村常見的風景，莊傳沛利用此種台灣常見的作物入詩，服膺
了〈募集童謠〉中以簡單而朗朗上口的語言來創作出「與台灣的自然相輔相
成」的歌謠的宗旨。乍看之下，這首童謠相當具有南方風情，切實表現了熱
帶的氣候與風物。然而，仔細與其他著名童謠詩人的作品比對，可以發現這
首童謠有明顯的模仿痕跡。以下爲野口雨情的童謠〈番茄田〉（番茄畑）：

トマト畑／野口雨情〔註59〕	番茄田／野口雨情
雨降り雲は	積雨雲
なぜ來ない	怎麼還不來
トマト畑が	番茄田

〔註58〕莊傳沛，〈甘蔗畑〉，《臺灣教育》第 243 期（1922 年 8 月），頁 49～50。
〔註59〕野口雨情，〈トマト畑〉，《十五夜お月さん》（東京：尚文堂，1921 年 6 月；
　　　復刻版：東京：ほるぷ出版，1978 年 1 月），頁 23～25。

みな枯れる	都要枯死了
トマト畑に	在番茄田上
太陽は	太陽
じりり／″＼と	赫赫炎炎地
照らしてる	照射著
雨降り雲は	積雨雲
なぜ來ない	怎麼還不來
トマト畑が	番茄田
みな枯れる	都要枯死了
トマト畑の	番茄田的
百姓は	農民
赤いトマトを	眺望著
眺めてる	紅紅的番茄

　　野口雨情的這首〈番茄田〉收錄在 1921 年 6 月出版的《十五夜的月娘》（十五夜お月さん）。1922 年 8 月莊傳沛發表的〈甘蔗田〉中的句子「太陽持續地／在甘蔗田上／赫赫炎炎地／強而有力地／照射著」與〈番茄田〉中的「在番茄田上／太陽／赫赫炎炎地／照射著」；「甘蔗田的／農民／眺望著／天空與甘蔗」與「番茄田的／農民／眺望著／紅紅的番茄」，兩相對照之下，就可以發現〈甘蔗田〉一詩的原創性相當低，可說有抄襲之嫌。這個現象可以證明兩件事：（一）台灣童謠詩人即便身處殖民地，對於日本童謠作品的接受速度仍然很迅速。（二）日本童謠名家的作品是台灣的童謠作家創作時的範本。在創作出屬於台灣自己的歌謠的大纛下，仍然必須從模仿日本的歌謠開始。追根究柢，即在於「台灣應該要有台灣的歌」的前提，是必須以國語——日本語來創作。因此，台灣日文童謠從語言上，就必然從模仿日本童謠出發。

　　在莊傳沛的童謠論中，也可看到他受到日本童謠詩人的影響痕跡。1923年 3 月，莊傳沛發表了〈關於作為藝術教育的童謠〉（藝術教育としての童謠に就いて）一文，來闡述其對童謠的看法。文中談到近代文明進步之後，開始了獨尊智育的教育。「一般都認為因為太過於偏重知識，只注重智育，情育的部分會因而相當落後。」〔註 60〕「好在，最近的初等教育，有人開始提倡

〔註60〕莊傳沛，〈藝術教育としての童謠に就いて〉，《臺灣教育》第 250 期（1923

放入純粹的藝術、施與孩子重要的情育美育這樣的藝術教育。台灣也可以見到這樣的傾向，爲了兒童，這著實是一件好事，想來，現今的兒童可說是很幸福吧。」〔註61〕這段話顯示莊傳沛認爲智育、情育、美育應該要三者並施，尤其不可爲了知識的發展而偏廢藝術教育。這樣的觀點與北原白秋的〈小學唱歌歌詞批判〉（小學唱歌々詞批判）中的論述有相似之處。〈小學唱歌歌詞批判〉爲北原白秋加入《赤鳥》、從事童謠創作後所發表的著名童謠論，發表於1921年11月的《藝術自由教育》。北原白秋在該文中指出：「詩、繪畫、音樂，以這三種藝術來培養兒童美的情操，是絕對必須的。因此，在小學時代的所謂的美育，絕對不可以與智育和德育分開思考。根本的藝術教育，須完全包含一切眞與善的涵養，『眞』的使命才有實現的可能。藝術教育必須是一個整體。」〔註62〕從以上北原白秋的論述中，即可觀察出莊傳沛的主張其來有自，北原白秋同樣也是認爲美育、智育、德育不可偏廢其一，必須當作一個整體來看待，才能成就所謂的藝術教育。

再者，北原白秋談到：「兒童的言語與聲音，乃是兒童的詩與音樂。而這些也必須是眞正的兒童的言語與聲音、兒童的詩與音樂不可。本來，以兒童自身的東西來彰顯兒童，就是比什麼都重要的事。如果能夠這樣，在感情思想的表現上，也才能作爲眞正的兒童的言語與聲音。如此一來便能以兒童自身的東西來愛護、安慰、鼓勵、鍛鍊兒童自身的生命。帶入這些智情意的自我美感陶冶，若能自由地去表現兒童自身，便是一件好事。」〔註63〕此出自

年3月），頁51。原文：「知識があんまり偏重されたため、知育にのみ走って、情育の方に於て痛く後れてゐるとは一般の認める處であります。」

〔註61〕同前註，原文：「宜なる哉近頃初等教育に清純な藝術をとり入れて子供に大切な情育美育を施さうといふ藝術教育といふものが提唱される樣になりました。臺灣でも恁した傾向が見えまして、兒童のために誠に結構なことで考へ樣では今日の兒童は幸福であるといひ得ませう」

〔註62〕北原白秋，〈小學唱歌々詞批判〉，《綠の觸角》，（東京：改造社，1929年3月：復刻版：東京：久山社，1987年11月），頁242。原文：「詩、繪畫、音樂。此の三つの藝術が兒童の美的情操を薫養する上に於て、無論何よりも必須なるべきであるが、小學時代に於ける所謂此の美育と云ふものは、決して智育德育と離して考へらるべきものではないのであつて、此の根本の藝術教育が、あらゆる眞と善との涵養をもた゛一つに包含して、初めてその眞の使命を果すのである。全體である。」

〔註63〕同前註，頁242～243。原文：「兒童の言葉と聲、乃ち兒童の詩と音樂、これらも亦眞に兒童の言葉と聲、兒童の詩と音樂であらしめねばならぬ。本來兒童自身のものをして兒童を生かすと云ふ事が何より大切であるならば、

於童心主義的論點，在莊傳沛的〈關於作爲藝術教育的童謠〉一文中也可找
到對應：「孩子是天眞無邪的，在他們身上沒有任何粉飾與虛僞，只要表現、
創造出最原本的自己，自己本身就是美神，純粹的藝術家。率直的表現就是
附和他們生命的節奏、並將之大聲而優美地演奏出來。」〔註64〕與北原白秋
相同，皆主張應該要發出兒童自身的聲音，藉由兒童天生的眞與善來創作童
謠。因爲唯有兒童本身眞與善的質素才最適於陶冶兒童。北原白秋和野口雨
情是日本三大童謠作家的其中之二。由以上史料看來，莊傳沛對於日本最重
要的童謠作家皆不陌生，爲了創作出好的童謠，莊傳沛研讀並吸收他們的創
作與理論。藉以建立起自己的童謠論述與創作。

（四）台灣詩人的童謠特色

　　前文提到，《臺灣教育》上的台灣詩人童謠，較鮮明地表現出台灣風物。
以下舉出兩首詩來觀察這樣的情形。

燕ちやん／陳保宗〔註65〕	小燕／陳保宗
燕ちやん	小燕
去年おうらに	去年在後院
植ゑてくれた	種下的
あアがい薔薇が	紅色薔薇
ほんのりと	悄悄地
咲きました	開花了
燕ちやん	小燕

その感情思想の表現に於ても眞に兒童の言葉と聲とを以つてせしめねばな
らぬ。さうして兒童自身のものをして兒童自身の生命を愛護せしめ、慰安
せしめ、鼓舞し、鍛練せしめる。この智情意を引つ括めた自己の美的陶冶
は、自由にその兒童自身をして行したらいいのである。」
〔註64〕莊傳沛，〈藝術教育としての童謠に就いて〉，《臺灣教育》第 250 期（1923
　　　年 3 月），頁原文：「子供は無邪氣で天眞爛漫で、そこには何等の飾りも僞
　　　りもなく、自己をありの儘に表現し、創造して行くもので、それ自身美の
　　　神であります、純な藝術家であります。卒直なる表現は彼等の生命のリズ
　　　ムに和して、聲高く美しく奏で出されるのであります。」
〔註65〕陳保宗，〈燕ちやん〉，《臺灣教育》第 246 期（1922 年 11 月），頁 57。陳保
　　　宗（1897～1980），時任臺師範學校教諭。著有《魯園詩集》。

白い帽子の	白色帽子的
ペタコ 白頭翁さんも	白頭翁先生也
南を向いて	向著南方
うれしく	開心地
啼きました	啼叫了
燕ちやん	小燕
木瓜や龍眼	木瓜或龍眼
鳳梨や	鳳梨或
文旦みんな	文旦
あなたを	大家都正在
待つてます	等著你

此詩模仿小孩對燕子說話的口吻，巧妙帶出台灣的風土、氣候、物產等。燕子爲春夏之交至台灣繁殖的候鳥，冬季便飛至南方過冬。第一段便以去年燕子在自家庭院種下的薔薇起頭，看到薔薇開花便思及今年仍未飛來的燕子，第二段則以台灣常見的鳥類白頭翁，向南方啼叫以點出燕子現在的方位。值得注意的是，「白頭翁」猶如「戴著白色帽子」的形象，1927 年來台的野口雨情，將此意象寫入童謠，並譜成歌曲，蔚爲風潮〔註66〕。但同樣的譬喻在 1922年即已有台灣詩人陳保宗寫過，並非野口雨情之新創。再者，詩中第三段羅列出木瓜、龍眼、鳳梨、文旦等台灣水果等待著燕子，一方面表現出引頸期盼的心情，另一方面也表現出台灣風土的特殊性。

另一首爲莊傳沛描寫木瓜葉的童謠：

木瓜の葉つぱ／莊傳沛〔註67〕	木瓜的葉子／莊傳沛
木瓜の葉つぱ	木瓜的葉子
お手々をふつて	碰到手手的話

〔註66〕「【歴史に消えた唱歌 05】大正デモクラシーに乗って」（提供元：MSN 産経ニュース（2011.05.01））：http://taiwan-news.tumblr.com/post/5307450208/05（查閱時間：2015 年 2 月 11 日）。

〔註67〕莊傳沛，〈童謠 木瓜の葉つぱ〉，《臺灣教育》第 254 期（1923 年 8 月），頁55。

何がいやです	不知道為什麼感覺好討厭
見て見て今日にや	看吧看吧今天也
何も持ちません	什麼都沒有拿

此詩以台灣常見的木瓜葉為題材。用具體的方式寫出木瓜葉的形象。因為木瓜葉伸出五爪的形象像人的手，所以童謠中以兒童的口吻說「碰到手手的話／不知道為什麼感覺好討厭」，捕捉兒童一瞬間的心理感受。此種因物象而產生的感受為兒童率真的表現，可以說是兒童天真無邪、毫無矯健的「原本的自己」。可以說是表現童心主義的相當好的範例。而以台灣常見的木瓜為題材，亦表現出由台灣詩人眼中的細膩觀察。

五、小 結

　　本章主要討論殖民地出身者如何以「國語」實踐其出人頭地的志向，並進一步創作出國語詩歌作品，最後寫出具有台灣殖民地特色詩作的過程。在日本近代詩中的「新體詩—自然主義—民眾詩派」系譜下，日本近代詩人完成了國民語與國民詩的建構。而同樣身為「國語使用者」的一份子，台灣詩人循著此系譜的邏輯，從一開始便（跳過了新體詩階段）寫出口語自由詩作品。並且在連結著口語自由詩運動的民眾詩運動風潮下，寫出了受到民眾詩派影響的詩作。可視為台灣詩人對於日本近代詩「新體詩—自然主義—民眾詩派」系譜的承繼。此承繼並非全然的接受，而是在詩中突顯了殖民地台灣的特殊性。

　　透過爬梳大正期《臺灣教育》及《臺灣日日新報》兩份報刊，本章分為「口語自由詩」及「童謠」兩大部分來敘述其創作狀況。口語自由詩部分，第一首詩作為張耀堂〈致住在台灣的人們〉，在詩中可以看到其對於國語的思考；從張耀堂的詩論〈新詩的芽生及其發育〉中則可以觀察台灣詩人對於日本近代詩史的瞭解，亦可看到其對於民眾詩派的肯定。方金全〈親近土地〉、謝文倉〈致女學生們〉兩首詩分別可看到對民眾詩的繼承與轉化。另外，在台灣新詩史的前行研究常被提及的詩人謝春木、王白淵的詩作當中，亦可以看到民眾詩的影響痕跡。可見在台灣詩人開始書寫口語自由詩時，民眾詩作為一語言平易、經常描寫土地與人民的詩派，相當為台灣詩人所接受，可將其看作台灣新詩史與日本近代詩史的接點之一。這些詩作除了跟隨民眾詩派

的腳步外，亦書寫出重視台灣人自身命運、台灣本身的特色等超出一般民眾詩範圍的內容。

　　童謠部分，首先介紹日本童謠運動風潮在《臺灣教育》雜誌上的展現，經過統計，童謠在台灣詩人的詩作當中佔有超過三分之一的數量。從莊傳沛這位童謠詩人的例子，可以看到日本童謠詩人所帶來的影響。首先，莊傳沛〈甘蔗田〉一詩透過學習模仿野口雨情的〈番茄田〉來表現出台灣的氣候與風物；再者，童謠論〈關於作爲藝術教育的童謠〉一文，亦可看到莊傳沛對北原白秋的童謠論的接受情形。可見莊傳沛受到日本內地的童謠運動影響頗深，並且反映在其理論與詩的語言的建構之上。《臺灣教育》上台灣詩人童謠的特色爲鮮明地表現出台灣的風物。可見台灣詩人在學習了日本童謠後紛紛將之轉化，創作具有台灣特色的作品，如陳保宗的〈小燕〉和莊傳沛〈木瓜的葉子〉兩首童謠，便展現出台灣水果、鳥類、樹種等在地特色。

　　由上述史料的爬梳可知，台灣詩人在嫻熟國語的運用後，雖不可避免亦步亦趨地跟隨著日本的語言形式表現、順著日本近代詩的脈絡創作，但卻也努力在詩中表現出殖民地詩人的獨特性，與在台日人的詩作展現了不同的關心面向。

第五章　結　論

　　本論文藉著擴大「台灣新詩」的定義，將從 1895 年台灣成爲日本殖民地、傳入日本近代詩的同時，即算做是台灣新詩的起始時間。並且以自 1895 年起發表於台灣、包括在台日人作家的詩作一併納入討論。透過對日本近代詩史的爬梳，來探討台灣的日文新詩應該被放在什麼脈絡之上。藉以瞭解台灣日文新詩是如何受到日本近代詩思潮的影響而誕生。

　　第二章與第三章從《臺灣日日新報》中觀察台灣從「新體詩」到「口語自由詩」的發展。第二章以明治期爲範圍，提出明治期日本「新體詩」的出現，乃是明治學者關心日本近代國家乃至於日本近代語言的建構促成。因此新體詩的出現從一開始即帶有國家主義的性格。這種目的性在台灣的新體詩中明顯可見。本章透過對《臺灣日日新報》的觀察，提出三個重要面向：「新體詩與和歌的關係」、「作爲『唱歌』的新體詩」、「新體詩的軍歌傳統」，藉以探討台灣新體詩與日本新體詩之間的關係。從詩作的實例中，可以看到在台日人確實一邊依循著新體詩建構的邏輯，一邊努力在詩作中收編台灣，並藉由「天皇」「大和」「日本國」等各種國家記號的置入來表現出對於日本內地的忠誠。

　　第三章以大正期爲範圍，探討日本的言文一致運動如何促成「口語自由詩」的出現。從口語自由詩運動到民眾詩運動，皆與《新體詩抄》同樣仍然關心著日本語的建構、國民共同體的形成等問題。這種一脈相承的關係爲日本近代詩中的「新體詩—自然主義—民眾詩派」大系譜。在台灣出現的口語自由詩也同樣在這個系譜當中，始終關心著什麼是理想的語言、理想的國民等問題。在這個大系譜中與口語自由詩的發展並行的是大正期童謠、民謠運

動的興起，在《臺灣日日新報》上亦搜集到大量的童謠、民謠創作，這些作品對於台灣風土的收編，同樣顯示了在台日人對於國家與國民的想像。

　　第四章再以大正期為範圍，觀察《臺灣教育》、《臺灣日日新報》上台灣詩人的詩作狀況。討論殖民地出身者如何以「國語」實踐其出人頭地的志向，並進一步創作出國語詩歌作品，最後寫出具有台灣殖民地特色詩作的過程。從大正期台灣詩人所發表的詩作中，經常可看到民眾詩派的影響。可見在台灣詩人開始書寫口語自由詩時，民眾詩作為一語言平易、經常描寫土地與人民的詩派，相當為台灣詩人所接受，「新體詩—自然主義—民眾詩派」大系譜同樣影響著台灣詩人的創作。然而台灣詩人對此系譜並非全然接受，而是各自在詩作中展現了對台灣人自身命運、台灣特殊性的關心。

　　從以上三章的探討中，可以瞭解從新體詩到口語自由詩，從在台日人到台灣詩人，台灣日文新詩是如何跟隨日本近代詩的腳步誕生，又是如何展現出與內地詩壇相異的殖民地風貌。本論文仔細地爬梳明治、大正期的《臺灣日日新報》，整理出這段期間的日文新詩列表，呈現出台灣日文新詩的整體發展面貌。並且透過史料的揀選、翻譯及解讀來證明其與日本近代詩之間的緊密關係。這是前行研究未曾嘗試過的做法。藉由此研究方法，本論文發掘出過去論者未曾注意到的許多關鍵史料：台灣第一位新體詩人石橋曉夢、台灣第一首新體詩〈渡臺行〉（1898）、台灣第一首口語自由詩〈來自現場〉（1911）、第一首台灣詩人張耀堂的新詩〈致居住在台灣的人們〉（1922）。這些史料的發掘應能對未來台灣日文新詩的研究，提供某些重要的線索。

　　通過探討「台灣日文新詩的誕生」的問題，本論文期望作為一個起點，繼續開展對於日治時期台灣新詩的研究。過去，圉於史料或者前行研究論述的局限，日治時期台灣新詩並沒有得到充分的認識。尤其是以日文書寫的新詩，經常在意識型態的影響之下被棄如敝屣。然而，唯有正面面對台灣新詩在各階段確實接受到各殖民政權所帶來的外部影響，才能理解為何其在某個時代台灣新詩會呈現出某種樣貌。以日治時期而言，日本文學思潮乃至於由日文所引進的世界文藝思潮，當為此時的台灣新詩不可忽略的影響。在爬梳過日本方面的影響後，再重新加入之前被過度看重的中國影響，多方面合併來看，才能拼湊出日治時期台灣新詩較為清晰的樣貌。

　　本論文只以明治、大正期，也就是日治時期的前半部分作為論述的範圍。接下來的研究不只可以將影響的來源從日本擴及到東亞及西方，時間亦可以

擴展至整個日治時期。從整體上來看日治時期台灣新詩的系譜是如何被建構
起來的。過去零散地受到討論的詩人、詩集，應該被放在此系譜中的什麼位
置。更有甚者，此系譜在戰後新政權的移入、新的中文新詩的移植後，又產
生了什麼延續或斷裂，有哪些影響一直延續到今天。這些是本論文在探討台
灣日文新詩的誕生後，期望今後能夠繼續延伸探討的課題。

參考文獻

一、主要運用史料

1. 《臺灣日日新報》（參考 1898～1926 年份）
2. 《臺灣教育》（參考 1900～1926 年份）

二、選集、全集及復刻

1. 《太宰治全集 5》（東京：筑摩書房，1989 年 1 月）。
2. 《本居宣長全集　第十五卷》（東京：筑摩書房，1969 年 6 月）。
3. 《西條八十全集第一卷　詩Ⅰ》（東京：國會刊行會，1991 年 12 月）。
4. 《明治文学全集 60　明治詩人集 1》，東京：筑摩書房（1972 年 12 月）。
5. 《明治文学全集 61　明治詩人集 2》，東京：筑摩書房（1975 年 8 月）。
6. 北原白秋，《綠の觸角》（東京：改造社，1929 年 3 月；復刻版：東京：久山社，1987 年 11 月）。
7. 羊子喬、陳千武編，《望鄉》（台北：遠景出版社，1982 年 5 月）。
8. 羊子喬、陳千武編，《森林的彼方》（台北：遠景出版社，1982 年 5 月）。
9. 羊子喬、陳千武編，《亂都之戀》（台北：遠景出版社，1982 年 5 月）。
10. 羊子喬、陳千武編，《廣闊的海》（台北：遠景出版社，1982 年 5 月）。
11. 李南衡主編，《日據下臺灣新文學・明集 4——詩選集》（台北：明潭出版社，1979 年 3 月）。
12. 河原功編，《台湾詩集》（東京：綠蔭書房，2003 年 4 月）。
13. 青木生子、井手至、伊藤博、清水克彥、橋本四郎校注，《萬葉集　四》（東京：新潮社，1982 年 11 月）。
14. 莫渝編，《王白淵　荊棘之道》（台中：晨星出版，2008 年 11 月）。

15. 野口雨情，《十五夜お月さん》（東京：尚文堂，1921 年 6 月；復刻版：
    東京：ほるぷ出版，1978 年 1 月）。

16. 陳才崑譯，《王白淵・荊棘的道路（上、下冊）》(彰化：彰化縣立文化中
    心，1995 年 6 月）。

17. 龍瑛宗，《龍瑛宗全集》中文卷第七冊隨筆集（2）（台南：國家臺灣文學
    館籌備處，2006 年 11 月），

三、專書

1 《台湾日日三十年史──附台湾の言論界》（東京：ゆまに書房，2004 年
   9 月）。

2. 《佐久間左馬太》（台北：臺灣救濟團，1932 年 12 月）。

3. 《理蕃誌稿　第三編》（台北：臺灣總督府警務局，1921 年 3 月）。

4. 《臺北州理蕃誌　舊宜蘭廳》（台北：臺北州警務部，1923 年 3 月）。

5. 小泉苳三，《近代短歌史　明治篇》（東京：白楊社，1955 年 1 月）。

6. 小泉苳三編，《明治歌論資料集成》第 1 卷（京都：立命館出版部，1940
   年）。

7. 小森陽一，《日本語の近代》（東京：岩波書店，2000 年 8 月）。

8. 中島利郎，《日本人作家的系譜》（東京：研文出版，2013 年 3 月）。

9. 中路基夫，《北原白秋—象徵派詩人から童謠・民謠作家への軌跡—》（東
   京：新典社，2008 年 3 月）。

10. 日夏耿之介，《明治大正詩史》（東京：新潮社，1929 年 1 月）。

11. 犬養廉、神保五彌、淺井清監修，《詳解日本文学史》（東京：桐原書店，
    1986 年 1 月）。

12. 古遠清，《臺灣當代新詩史》（台北：文津出版社，2008 年 1 月）。

13. 古繼堂，《台灣新詩發展史》（台北：文史哲出版社，1989 年 7 月）。

14. 竹越與三郎，《臺灣統治志》（東京：博文館，1905 年 9 月）。

15. 西田直敏，《『新體詩抄』研究と資料》（東京：翰林書房，1994 年 4 月）。

16. 佐藤通雅，《北原白秋──大正期童謠とその展開》（東京：大日本図書，
    1987 年 12 月）。

17. 吳文星，《日治時期臺灣的社會領導階層》（台北：五南，2008 年 5 月）。

18. 宋建和譯，《日據時期原住民行政志稿　第二卷（下卷)》（南投：臺灣省
    文獻委員會，1999 年 6 月）。

19. 和田博文編，《コレクション・モダン都市文化　第 12 卷　カフェ》（東
    京：ゆまに書房，2005 年 11 月）

20. 和田博文編，《近現代詩を学ぶ人のために》（京都：世界思想社，1998

年 4 月）。

21. 坪井秀人，《感覚の近代─声・身体・表象》（名古屋：名古屋大学出版会，2006 年 2 月）。

22. 坪井秀人，《声の祝祭──日本近代詩と戦争》（愛知：名古屋大学出版会，1997 年 8 月）。

23. 林進發，《臺灣人物評》（臺北：赤陽社，1929 年 8 月）。

24. 邱各容，《臺灣近代兒童文學史》（台北：秀威資訊，2013 年 9 月）。

25. 柳書琴，《荊棘之道：臺灣旅日青年的文學活動及文化抗爭》（台北：聯經出版，2008 年 5 月）。

26. 秋山虔、三好行雄，《新日本文學史》（東京：文英堂，2000 年 1 月）。

27. 原子朗編，《近代詩現代詩必攜》（東京：學登社，1989 年 4 月）。

28. 島田謹二，《華麗島文學志》（東京：明治書院，1995 年 6 月）。

29. 酒井直樹，《死産される日本語・日本人：「日本」の歴史──地政的配置》（東京：新曜社，1996 年 5 月）。

30. 張雙英，《二十世紀臺灣新詩史》（台北：五南出版社，2006 年 8 月）。

31. 野山嘉正，《日本近代詩歌史》（東京：東京大學出版会，1985 年 11 月）。

32. 陳千武，《臺灣新詩論集》（高雄：春暉，1997 年 4 月）。

33. 陳柔縉，《台灣西方文明初體驗（經典版）》（台北：麥田出版，2011 年 10 月）。

34. 游珮芸，《日治時期台灣的兒童文化》（台北：玉山社，2007 年 1 月）。

35. 奧中康人，《国家と音楽──伊澤修二がめざした日本近代》（東京：春秋社，2008 年 3 月）

36. 澤正宏，《詩の成り立つところ──日本の近代詩、現代詩への接近》（東京：翰林書房，2001 年 9 月）。

37. 藤崎濟之助，《臺灣全誌》（東京：中文館書店，1928 年 1 月）。

38. 塩田良平，《山田美妙研究》（東京：日本図書センター，1989 年 10 月）。

四、單篇論文

1. 王詩琅，〈半世紀來臺灣文學運動〉，《旁觀雜誌》第 16 期（1951 年 12 月）。

2. 矢野峰人，〈創始期の新體詩〉，《明治詩人集（一）》（東京：筑摩書房，1972 年 12 月）。

3. 向陽，〈歷史論述與史料文獻的落差〉，《聯合報》，2004 年 6 月 30 日。

4. 羊子喬，〈光復前台灣新詩論〉，《台灣文藝》第 71 期（1981 年 3 月）。

5. 宋冬陽，〈日據時期台灣新詩遺產的重估〉，《台灣文藝》第 83 期（1983

年 7 月）。

6. 志馬陸平（中山侑），〈青年與臺灣（八）──文學運動之變遷〉，黃英哲主編，《日治時期臺灣文藝評論集（雜誌篇）第二冊》（台南：國家臺灣文學館籌備處，2006 年 10 月。

7. 坪井秀人，吳佩珍譯，〈作爲表象的殖民地〉，吳佩珍主編，《中心到邊陲的重軌與分軌：日本帝國與臺灣文學・文化研究（中）》（台北：國立臺灣大學出版中心，2012 年 6 月）。

8. 坪井秀人著、吳佩珍譯：〈〈日本語問題〉的前奏──〈國民〉的詩歌與歌謠〉，《日本語在台灣・韓國・沖繩做了什麼？》（台北：致良出版社，2008 年 2 月）。

9. 岩田隆，〈宣長のうた〉，《本居宣長全集月報 5》（第 3 卷附錄）（東京：筑摩書房，1969 年 1 月）。

10. 林淇瀁，〈長廊與地圖：台灣新詩風潮的溯源與鳥瞰〉，《中外文學》第 28 卷第 1 期（1999 年 6 月）。

11. 河原功，〈台灣新文學運動的展開〉，《台灣新文學運動的展開─與日本文學的接點》（台北：全華科技，2004 年 3 月）。

12. 邱各容，〈公學校的童謠作家：莊傳沛〉，《全國新書資訊月刊》（2011 年 4 月）。

13. 邱各容，〈被遺忘的一方天地──張耀堂〉，《全國新書資訊月刊》（2007 年 10 月）。

14. 奚密，〈台灣新疆域〉，馬悅然、奚密、向陽主編，《二十世紀臺灣詩選》（台北：麥田出版社，2001 年 8 月）。

15. 栗原純，〈日露戰爭と台灣〉，《日露戰爭と東アジア世界》（東京：ゆまに書房，2008 年 1 月）。

16. 張詩勤，〈台灣新詩初現的兩條源流──由張我軍以前（1901～1924）的相關論述及創作觀之〉，《臺灣詩學學刊》第 22 期（2013 年 11 月）。

17. 郭水潭，〈臺灣日人文學概觀〉，《臺北文物》3 卷 4 期（1954 年 8 月）。

18. 陳芳明，〈台灣新文學史的建構與分期〉，《台灣新文學史》（台北：聯經出版社，2011 年 10 月）。

19. 森亮，〈『新體詩抄』の詩人たち〉，《明治文學全集月報 72》（第 60 卷附錄）（東京：筑摩書房，1972 年 12 月）。

20. 黃得時，〈臺灣文學史序說〉，《臺灣文學》第 3 卷第 3 號（1943 年 7 月 31 日）。

21. 楊宗翰，〈冒現期台灣新詩史〉，《創世紀詩雜誌》，第 145 期（2005 年 12 月）。

22. 楊宗翰，〈台灣新詩史：一個未完成的計畫〉，《台灣史料研究》第 23 期

（2004 年 8 月）。

23. 增田周子著，吳亦昕譯，〈日本新民謠運動的隆盛及其與殖民地臺灣的文化交涉——以西條八十〈臺灣音頭〉的相關風波爲例〉，吳佩珍主編，《中心到邊陲的重軌與分軌：日本帝國與臺灣文學‧文化研究（下）》（台北：國立臺灣大學出版中心，2012 年 6 月）。

24. 潘淑慧，〈臺灣教育史第一手資料《臺灣教育會》雜誌〉，《臺灣學通訊》第 9 期（2009 年 10 月）。

25. 顏杏如，〈日治時期在臺日人的植櫻與櫻花意象：「內地」風景的發現、移植與櫻花論述〉，《臺灣史研究》14 卷 3 期（2008 年 4 月）。

五、網路及電子資源

1. 「日治時期期刊全文影像系統」，國立臺灣圖書館。

2. 「日治時期圖書全文影像系統」，國立臺灣圖書館。

3. 「近代デジタルライブラリー」，国立国会図書館。

4. 「臺灣日日新報」，大鐸資訊股份有限公司。

5. 「臺灣日日新報清晰電子版」，漢珍圖書公司、ゆまに書房。

6. 「臺灣研究古籍資料庫」，中央研究院臺灣史研究所。

7. 【歷史に消えた唱歌 05】大正デモクラシーに乗って」http://taiwan-news.tumblr.com/post/5307450208/05（查閱時間：2015 年 2 月 11 日）

8. ブリタニカ国際大百科事典 小項目電子辞書版，2011 年 4 月。

9. 三省堂スーパー大辞林 3.0，2006 年 10 月。

10. 卡奧灣戰役——臺灣原住民歷史語言文化大辭典網路版，http://210.240.125.35/citing/citing_content.asp?id=3880&keyword=%E7f%AF%F3。（查閱時間：2014 年 8 月 22 日）

附錄一:《臺灣日日新報》上明治期日文新詩列表

時間	題目		作者
1898.07.30	石門山泉	渡臺行	石橋曉夢
		花の夢	
		自適	
		門港漫吟	
		ゆふべ	
		漫吟	
1900.03.20	春宵觀		伯樂
1900.05.10	奉祝御慶事		磊山生
1901.06.05	始政紀念式唱歌		柴田貞行
1901.10.15	臺灣神社鎮座式唱歌		高崎御歌所長
1901.10.20	高砂踊の唱歌		
1901.10.28	圓山八景 其五芝巖驟雨		小林みどり
1901.10.27	樺山大將自作唱歌		
1901.10.27	宮のいさを、われらの島		佐佐木信綱
1902.03.12	偶感		旭山子
1902.07.13	愛子		道夫
1902.07.30			友夫
1902.07.30	〔註 1〕		信夫

〔註 1〕上二首無題目。

1902.08.03	白水に寄す	東都　櫻巷
1902.08.09	水	信夫
1902.09.04	肺病賦	田村初陣
1902.09.07	肺病賦	田村初陣
1902.09.11	肺病賦	田村初陣
1902.12.21	肺病の賦を讀みて（上）	かつら子
1902.12.23	肺病の賦を讀みて（中）	かつら子
1902.12.24	肺病の賦を讀みて（下）	かつら子
1903.02.15	豆賣子	基隆　星庵子
1903.03.05	閨の思	むらさき女
1903.06.17	本島始政紀念式唱歌	總督府國語學校
1904.01.01	鎮西組初荷の唱歌	
1904.02.16	征露の歌	
1904.02.20	水雷進擊の歌	滄浪子
1904.02.20	露軍征討の歌	蕪殘外史
1904.02.23	征露軍歌	戰多郎
1904.02.24	驅逐隊	六洋生
1904.02.25	鴨綠江の進軍	滄浪子
1904.02.28	今やう	庄司瓦全
1904.03.03	滑稽露國進軍歌	
1904.03.13	日本刀	瓦全
1904.05.20	征露	菊地主殿
1904.07.23	征露の歌	藤園主人
1904.08.17	岩崎中尉の新體詩	
1904.08.21	露帝悲惨の詩	
1904.10.27	母や待つらん	いち生
1904.11.15	應暮新體詩　小兒	すみれ
1904.12.02	曙	山本露花
1904.12.10	東清鐵道唱歌	
1905.06.01	乙夜の覽に供せし英詩	シー、エ、アチソン
1905.09.03	煙	正直浪人
1905.11.03	大國民唱歌	後藤民政長官

1907.01.01	竹塹の新春	南球投
1910.09.01	隘勇線數へ唄	猪口警部
1910.11.03	擴張記念歌	蒼老泉
1910.11.05	蛙	杜の女
1910.11.14	迎凱旋	
1911.08.20	現場より	ヤコ生
1911.10.24	オクトーバー	野孤禪生
	兀座	
1912.04.06	さいちやん	ポンザ・アンナー

附錄二：《臺灣日日新報》上大正期日文新詩列表

時間	題目		作者
1914.05.31	詩三章	感傷	
		矛盾	
		女	
1915.04.23	春のさゝやき		臺北 岩淵蔦江
1915.11.10	白日		館內外元
1915.11.13	臺北中學校奉祝提灯行列歌		三星靜
1916.10.31	奉祝提灯行列歌		
1916.11.03	奉祝唱歌		
1917.08.09	迷ひ		軟葉
	光明		
	生命		
1917.10.14	學校奉迎歌		
1917.10.21	秋となりて		若草生
1918.01.15	征豬軍の歌		
1918.06.30	深山の一夜		杜峯生
1918.11.17	カイゼルの末路＝擬琵琶歌＝		敵愾山人戲作
1919.04.01	招魂祭（楠公訣別の譜）		
1919.04.19	東宮殿下御成年式奉祝唱歌譜		
1919.06.14	臺銀祝賀提灯行列		

1919.08.21	ホーカー唱歌懸賞發表	
1919.11.05	口語詩 秋の夕に	思ひ出の子
1920.02.15	お伽いろは歌 鶏のおやこ	
1920.03.28	お伽いろは歌 ぬえの聲	
1920.04.06	お伽いろは歌 瑠璃鳥の歌	
1920.04.09	長詩 悔	長峰油多香
1920.05.02	長詩 沙漠	長峰油多香
1920.05.09	お伽いろは歌 蝸牛の角	
1920.05.12	新詩 思ひ出	淡水 富村翠影
1920.05.27	おとぎ、いろは歌 よあなの花	
1920.05.30	お伽いろは歌 たぬきの腹鼓	
1920.06.06	お伽いろはうた れんげ草の花	
1920.06.12	長詩 白粉の匂	長峰油多香
1920.06.14	おとぎいろは歌 そばの花	
1920.06.16	長詩 島の思出	渡臺の日に 天麗生
1920.06.17	今日の歌	加藤公奥
1920.07.01	自然と人工	臺北 入澤文月
1920.07.03	長詩 淡水河畔	菁蓁 多仲哀二
1920.07.04	お伽いろは歌 つるの羽	
1920.07.06	小心者の戀	不泣夭命
1920.07.13	おとぎいろは歌 ねこの眼	
1920.07.18	お伽いろは歌 梨子のかは	
1920.07.25	お伽いろは歌 なすびの馬	
1920.07.27	長詩 死の宣告	長峰油多香
1920.08.01	お伽いろは歌 らくだの瘤	
1920.08.03	福ちやんへ	臺北 青山次郎
1920.08.06	終へての詞	
1920.08.08	お伽いろは歌 むかでの足	
1920.08.08	青春のほとばしり	澤蝸牛
1920.08.08	長詩 三人の娘	片島靖
1920.08.12	抒情小曲 地の果てへ	宜蘭二結 松本きよ詩

1920.08.14	「月の夜」	すみれ
1920.08.15	お伽いろは歌 うさぎの耳	
1920.08.22	お伽いろは歌 井戸の蛙	
1920.08.25	小さき靈に捧ぐ	秋本南洋男
1920.08.28	小曲	十郎
1920.08.29	お伽いろは歌 野ぎくの花	
1920.09.12	おとぎいろは歌 鯨の潮吹き	
1920.09.19	お伽いろは歌 山吹の花	
1920.09.26	お伽いろは歌 まがきの花	
1920.10.03	お伽いろは歌 けしのはな	
1920.10.07	お京さん	長峯油多香
1920.10.10	お伽いろは歌 ふくろの目	
1920.10.11	小曲 パンの笛	松本きよ詩
1920.10.17	おとぎいろは歌 秋櫻の花	
1920.10.24	お伽いろは歌 襟のばら花	
1920.10.31	お伽いろは歌 手紙の力	
1920.11.01	小曲 笛	長峰油多香
1920.11.05	長詩 暴風をきく	菁蓁 多仲哀子
1920.11.07	秋の歎き	滄浪生
1920.11.09	お伽いろは歌 秋のあした	
1920.11.10	小曲 ねたみ	長峰油多香
1920.11.14	お伽いろは歌 さゝ葉ぶね	
1920.11.18	秋は逝く	なでし子
1920.11.21	お伽いろは歌 黃色な蝶々	
1920.11.27	永久の流	越鳥
1920.11.28	お伽いろは歌 指環の希望	
1920.11.28	小曲 宵のお七	長峰油多香
1920.12.03	夕ぐれ 雨の跡	なでし子
1920.12.04	民謠 悲しき子	松本きよ詩
1920.12.05	おとぎいろは歌 盲人のつゑ	
1920.12.07	彼の女の瞳	長峰油多香

1920.12.10	小曲 笑	長峰油多香
1920.12.10	夕さればかく歌ふ	菁蓁 多仲哀子
1920.12.11	雨の港	基隆 長峰油多香
1920.12.12	新曲 裾模樣	於基隆 長峰油多香
1920.12.12	お伽いろは歌 蜜柑の土産	
1920.12.17	童謠 青い手品	松本きよ詩
1920.12.18	愛鳥の死	稻山るゐそう
1920.12.19	お伽いろは歌 白髮の爺樣	
1920.12.20	心やり	臺北 長峰油多香
1920.12.20	病中感	新竹 はるやま生
1920.12.24	暗室の中	臺北 稻山淚草
1920.12.26	いろはお伽歌 えびのひげ	
1920.12.28	秋の朝	臺北 稻山雨情
1920.12.29	小曲 斷腸調	松本きよ詩
1921.01.01	長詩 黎明のかがやき	菁蓁 多仲哀子
1921.01.02	童謠 歲の鍵	藤川淡水
1921.01.16	お伽いろは歌 杜のいなり	
1921.01.21	旅役者─小役の三吉を見て─	みどり
1921.01.22	たそがれ	なでし子
1921.01.23	お伽いろはうた 蟬のなき聲	
1921.01.27	夢のなかの鐘	苗栗 吉村草衣
1921.01.28	童謠 花野の徑	苗栗 吉村草衣
1921.01.28	童謠 奴紙鳶	藤川淡水
1921.01.29	金絲鳥	府中街 壽美禮子
1921.01.30	小唄 別れた女	長峯ゆた香
1921.01.30	死んだつもりで	香浪生
1921.01.30	お伽いろは歌 鰯のからだ	
1921.02.01	妹	長峯ゆた香
1921.02.02	明るみへ	屏東 瀧澤千津繪
1921.02.03	彷徨（散文詩）	なでし子
1921.02.04	童謠 シヤボン玉	苗栗 吉村草衣
1921.02.04	童謠 寒餅	藤川淡水

1921.02.05	月明の下	旗山 水野しな子
1921.02.06	汽笛	稲山雨情
1921.02.08	民謠 貰ひ乳	竹山 松本きよ詩
1921.02.09	童謠 鼻	藤川淡水
1921.02.13	亡き櫛間君に	竹東郡 馬場杜炳
1921.02.25	宵星	蓼花
1921.02.26	童謠 青い鸚雉	松本きよ詩
1921.02.27	つなぎ子供うた 樂しい雛節句	
1921.03.02	童謠 冬ごもり	藤川淡水
1921.03.02	春宵の悩み	基隆 ながよ詩
1921.03.06	童謠 字謎	藤川淡水
1921.03.08	童謠 莨の煙	長峯油多香
1921.03.23	過去	瀧澤千壽繪
1921.03.26	俗謠 巡禮おつる	長峯油多香
1921.03.27	小唄 戀の華	水野詩奈子
1921.03.29	童話〔註1〕 まいにちまいにち	長峯油多香
1921.03.30	花園にて	澄川待美
1921.03.31	戀のお國	中島紅浪
1921.04.01	童謠 隧道	倉田白路
1921.04.03	女製圖員	冷○
1921.04.05	童謠 母戀し	武居美子
1921.04.05	唱歌	
1921.04.08	小唄 花祭りの日に	松本きよ詩
1921.04.08	花祭の歌＝今日稚子達の唱ふ＝	
1921.04.09	朝のヴエランダ	德田昌子
1921.04.10	おとぎ小うた一つ 樂し賑し兒等の群	
1921.04.14	弱き心	柳瀬美代子
1921.04.17	南の島よ、	水町多香子
1921.04.17	小唄 風かをる森の中	
1921.04.20	私の戀	菊池かつみ

〔註 1〕此處應是將「童謠」誤植爲「童話」。

1921.04.21	扉			澄川待美
1921.04.20	童謠 電車あそび			瀧澤千繪子
1921.04.24	夏のあしたゆふべ 小唄の二つばかり	夏のあした		
		夏のゆふべ		
1921.04.30	「朝」			南洋男
1921.05.08	あさがほも歌へる			
1921.05.08	夜の思ひ			岡山縣 光石幸園
1921.05.11	ひるすぎ			光石幸園
1921.05.12	瞬間の心			小田切南砂
1921.05.22	短いうたをば一つ 雨の中をば蛙三匹			
1921.05.26	童謠 ほたるさん			多津雄
1921.05.29	新しい傘			ますみつ
1921.05.31	五月の空			しげとし
1921.06.01	雨の路上			千繪子
1921.06.02	悲しき追憶			淑月子
1921.06.09	小唄 豆腐屋			淺野しのぶ
1921.06.21	或月の夜			ながひで生
1921.06.22	童謠 姉樣			山田枝翠
1921.06.24	夜			瀧澤千繪子
1921.06.28	若き日			しげとし
1921.07.07	童謠 雨蛙			安田英一
1921.07.10	星は飛ぶ夏の夜半			
1921.07.15	ペンの跡			瀧澤千繪子
1921.07.19	鑛山の夕暮			淺野しのぶ
1921.07.21	光明			しげとし
1921.08.09	三味			武居美子
1921.08.10	童謠 雨			松山萠子
1921.08.12	啞なれば			伊奈山都久志
1921.08.13	リング			壽美禮子
1921.08.16	童謠「鷗のお家」			宮澤みぎは
1921.08.17	風の朝			中川敬一
1921.08.23	月を踏みて			綠川春之介

1921.08.25	小曲 かりのこゑ	霞浦子
1921.08.26	小曲 紅い灯	綠川春之介
1921.09.06	小唄 みれん	赤太郎
1921.09.09	蟬	中川砂丘草
1921.09.10	小曲 ふるさと	霞浦子
1921.09.15	灰色	かすみ
1921.09.16	眞實の友	千繪子
1921.09.17	月と乙女	文子
1921.09.20	小唄 島の土産	赤太郎
1921.09.21	童謠 父ちやん	淺野しのぶ
1921.09.22	小曲 夢	霞浦子
1921.10.31	愛	石垣用吉
1921.11.02	感傷家	石垣用吉
1921.12.20	夜霧	東門生
1921.12.23	煙	松井すみれ
1922.02.28	春近づく	多仲哀二
1922.03.09	童謠 星	石原美智子
1922.04.20	塔の灯よ	下俊吉
1922.05.04	連霧によりて	多仲哀二
1922.05.14	記憶	新營 多仲哀二
1922.05.20	民謠 つらい戀	芳香睦美
1922.06.03	民謠 つまひき	芳香睦美
1922.06.06	民謠 カフエーの女	芳香睦美
1922.06.11	童謠 お月さま	芳香睦美
1922.06.21	ゆめ	堺みちる
1922.06.28	惱みもつ頃	松川淑月
1922.06.28	なみだ	池內のぶゆき
1922.07.04	童謠 父ちやん	武井樂葉
1922.07.04	童謠 夢の長橋	芳香睦美
1922.07.12	海に涵る女	多仲哀二
1922.07.18	童謠 あさがほ	山本千秋
1922.07.18	童謠 ひなた雨	渡邊睦夫

1922.07.19	裏町の夜	臺南 中條春人
1922.07.19	低唱	酒井檜
1922.07.21	夕立	武井樂葉
1922.07.25	童謠 金魚	臺北 鈴木英一
1922.07.25	童謠 月夜	臺北 渡邊睦夫
1922.07.25	童謠 お藪の雀	臺南 井上富士雄
1922.07.26	異端者の魂	池內のぶゆき
1922.08.01	童謠 朝顏	花蓮港小學校六年 佐藤靜子
1922.08.01	童謠 螢の提燈	宮下宇詩夫
1922.08.02	小曲「小道」	田寮港 葉子(投)
1922.08.02	「伸びよ若人」	寺本龍樹
1922.08.08	童謠 子雀	苗栗 中村孝明（十二歲）
1922.08.08	童謠 お角力さん	失名
1922.08.08	人形の悲しみ	あきら
1922.08.09	夜	南中 淑藻郎
1922.08.09	をとめ	森朝露
1922.08.09	長詩 生命の流れ	寺本龍樹
1922.08.10	森林の歌懸賞募集	
1922.08.15	童謠 森の小雀	宮下宇詩夫
1922.08.15	生蕃と笛吹男	ＴＫ生
1922.08.16	童謠 狐の嫁入	井上富士雄
1922.08.16	小曲 月	田寮港 葉子（投）
1922.08.16	小曲 旅	はるゑ
1922.08.19	流れる水	柳芽生
1922.08.22	童謠 雨	宮下宇詩夫
1922.08.22	童謠 夕ぐれ	渡邊むつを
1922.08.23	味爽の月	森朝露
1922.08.23	ひとめ	笹井緋絽思
1922.08.25	民謠 お葉	永樂町 俊子
1922.08.29	童謠 風船玉	莊傳沛

1922.08.29	童謠 めだか	樺山校四學年 原親子
1922.08.29	童謠 雨	樺山校三學年 上良康
1922.08.30	愛と憎しみ	田中稔子
1922.08.30	小曲 流星	八重子
1922.08.30	小曲 おのゝき	宜蘭 ＩＲ生
1922.08.30	社會思潮	中會 伊藤素馨
1922.08.30	小曲 螢	渡邊むつを
1922.09.05	童謠 夕燒	渡邊むつを
1922.09.05	童謠 電せん	樺山校學四年〔註 2〕原親子
1922.09.06	小曲 傷心	森朝露
1922.09.06	小曲 銀の星	芳溪
1922.09.06	小曲 物思ひ	葉子
1922.09.06	長詩 見えざる力	笹井緋綯思
1922.09.06	小曲 宵待草	光村奈緒子
1922.09.06	長詩 憎くして 愛しき者よ	丘敏子
1922.09.06	長詩 孤獨の祈り	多仲稔子
1922.09.08	童謠 雨が降る	檜生
1922.09.09	其の時の運命	並川定雄
1922.09.12	童話〔註 3〕 ぎつちやん	いなご 宮下宇詩夫
1922.09.13	小曲 あきらめ	田寮港 葉子
1922.09.13	空禱	南中 小林淑藻郎
1922.09.13	長詩 月光の一夜	後藤大治
1922.09.15	小曲 吾がゆくて	登志子
1922.09.15	小曲 君待つ宵	渡邊むつを
1922.09.16	誘ひ	東門町 檜
1922.09.19	だるま	臺北 日高生
1922.09.19	童謠 水牛のよだれ	尋三 木元君子

〔註 2〕此處應爲排版錯誤，正確應爲「四學年」。
〔註 3〕應爲「童謠」之誤植。

1922.09.20	長詩 現實	竹堂
1922.09.20	小曲 迷ひ路	森朝露
1922.09.20	民謠 筑波山	田寮港 葉子
1922.09.20	小曲 木下道	秋月
1922.09.20	童謠 紅雀	尾崎孝子
1922.09.20	調詩 心の鳥	笹井緋絽思
1922.09.20	美しき死	丘敏子
1922.09.22	童謠 蜻蛉のお巡りさん	宮下宇詩夫
1922.09.26	童謠 とんぼ	大湖小學校尋三小川 トンコ
1922.09.26	童謠 木の葉	大湖小學校尋三 武田靜雄
1922.09.26	童謠 いもの露	大湖小學校尋四 長野稻子
1922.09.27	小曲 四つ葉のクローバ	臺北 笹井緋絽思
1922.09.27	小曲 寂しい儘	光村奈緒子
1922.09.27	ある追憶	菊地克己
1922.09.27	長詩 渡支の友に	員山 青潮生
1922.09.30	長詩 改革	臺北 山口露井
1922.09.30	微笑たまへ	東門町 悦痴惠壽
1922.09.30	私の考へといふもの	臺北 柳芽生
1922.10.03	童謠 鯨捕り	尾崎孝子
1922.10.03	童謠 夕暮	芳香睦美
1922.10.03	童謠 嵐	宜蘭 林蒼田
1922.10.04	小曲 寂しい私	多仲稔子
1922.10.04	民謠 操り人形	青柳まさ路
1922.10.04	長詩 短刀をみつめつゝ	ひろし
1922.10.04	小曲 孤獨	宜蘭 しきぶ
1922.10.04	小品 女	文武町 ちひろ
1922.10.04	長詩 自己を尋ねて	國仲竹堂
1922.10.06	小曲 笛が鳴る	H子
1922.10.10	童謠 蚊とり線香	建成小學尋六 大野靜子

1922.10.10	童謠 お月さん	建成小學尋三 金藤藤子
1922.10.10	郵便箱	建成小學尋五 菅野喜久子
1922.10.11	長詩 溺れる者のことば	福田夏蔭
1922.10.11	祈り	さかゐ生
1922.10.13	民謠 破れし戀	安平 森田貞雄
1922.10.14	生の寂しさ	中學會 伊藤素馨
1922.10.17	童謠 忘れた貝	附屬尋六 遠藤久子
1922.10.17	童謠 大風	附屬尋二 森道夫
1922.10.17	童謠 お日さま	附屬尋一 田阪典子
1922.10.17	童謠 お星様	附屬尋四 田賀正道
1922.10.20	童謠 月の出	芳香睦美
1922.10.21	都	北中 立〇生
1922.10.24	童謠 うちのひよこ	建成尋五 石山美佐子
1922.10.25	童謠 赤人形	武井樂葉
1922.10.25	長詩 貴女を追ふことに疲れない	下俊吉
1922.10.25	童謠 王様	美子
1922.10.25	小曲 貴方の心	ＳＷ生
1922.10.27	民謠 かもめ	夏蔭
1922.10.27	民謠 庄屋の娘	武井樂葉
1922.10.29	童謠 ひかうき	建成小學尋四 坂田永德
1922.10.31	童謠 虹	南門小學尋六 岡本多重
1922.10.31	童謠 嵐	南門小學尋六 磯山初子
1922.11.03	小曲 月の夜の吾	白鳥潤子
1922.11.03	童謠 ポンポ	渡部白蝶
1922.11.04	心	臺北 柳芽生
1922.11.04	歌ひませう踊りませう	ひろし
1922.11.07	童謠 星	附屬尋五 堀見美代

1922.11.07	童謠 ひかうき	附屬尋二 古山佐
1922.11.07	童謠 キンギョ	附屬尋一 小出文子
1922.11.08	民謠 隣りの娘さん	和久元
1922.11.08	長詩 失戀の君に	國仲竹堂
1922.11.09	小品 或る朝	下俊吉
1922.11.10	小曲「幸福」	光村奈緒子
1922.11.14	あらし	南門小學尋六 山岸ヤウ
1922.11.14	童謠 そろはん	武井樂葉
1922.11.14	とんぼ	南門小學尋一 佐々木史
1922.11.15	童謠「鐘」	中島光葉
1922.11.15	小曲 涙	森木四郎
1922.11.15	小詩 思出	紅一
1922.11.15	長詩 地の上の鴉	臺中 倉持迷羊
1922.11.15	小曲 弱い者	下俊吉
1922.11.15	長詩 ニヒリストの戀	爲賴母
1922.11.15	長詩 犬のごとくに	臺中 富村有德
1922.11.17	小曲 可愛い日	光村奈緒子
1922.11.17	童謠 小鳩	きちろ一
1922.11.21	童謠 嵐	尋六 木下靜子
1922.11.21	童謠 風船	建成尋六 淵上福江
1922.11.21	童謠 內の小犬	建成尋四 小山次雄
1922.11.22	民謠 晚酌	木村北州
1922.11.22	長詩 「眞實」を尋ねて	臺中 倉持迷羊
1922.11.25	蕃歌を聞いて	臺北 柳芽生
1922.11.28	童謠「鳩」	中島加津詩
1922.11.29	呪咀のタイム	＝環＝
1922.11.29	心の求め	青木四郎
1922.11.29	長詩 寂しさに耐へよ	臺中 倉持迷羊
1922.12.01	童謠 キユーピーさん	渡邊むつを
1922.12.01	小唄 けぶる蛇の目	中島なみき

1922.12.02	スタート	北一中 蒼浪生
1922.12.02	道の草花	伊藤素馨
1922.12.05	童謠 とんび	渡邊むつを
1922.12.05	童謠 迷のひよこ	高雄 市岡洋一
1922.12.06	長詩 破壞者	國仲竹堂
1922.12.06	長詩 沈默の涙	高雄 仲北白路
1922.12.06	長詩 モンナ、リザ（病院のSに）	佐野英一郎
1922.12.06	小曲 弱者の叫ひ	基隆 紅一
1922.12.08	民謠 浮ぶ幻	學甲 莊月芳
1922.12.08	小曲 綠の絹の靴下	臺北 青柳まさ路
1922.12.09	秋の清き澄める月	臺中に旅して 紀子
1922.12.12	童謠 虹	宮下宇詩夫
1922.12.13	長詩 修道院の秋	高雄 仲北白路
1922.12.13	長詩 寂しき月光えお浴びて	國仲竹堂
1922.12.15	小曲 寒い心	笹井緋絽思
1922.12.15	民謠 こぬ人	光村奈緒子
1922.12.19	童謠 やかん	苗栗小學尋五 鍾業英
1922.12.19	童謠 ほし	苗栗小學尋六 鍾氏懿妹
1922.12.20	長詩 奇妙な足（Sに）	佐野英一郎
1922.12.20	童謠 ゆふづき	渡邊むつを
1922.12.20	小唄 カフエーの女	臺北 青柳まさ路
1922.12.20	或る夜の幻想	臺中 迷秘津兒
1922.12.21	小曲 エブロン	宮下宇詩夫
1922.12.22	小曲 ほゝゑみ	光村奈緒子
1922.12.22	小曲 月見草	渡邊むつを
1922.12.22	童謠 死んた父さん	渡部白蝶
1922.12.23	勝利	北一中 蒼浪生
1922.12.26	童謠 雛	宜蘭七張 林蒼田
1922.12.27	小曲 紅椿	臺北 青柳まさ路
1922.12.27	長詩 靈は永久に輝く	國仲竹堂

1922.12.30	小曲 淋しい幸福		小夜子
1923.01.01	童謠	おてまり	臺北 中島睦子
1923.01.01		お正月	臺北 富村小人子
1923.01.01		わたし七つ	北門 土持愛の人
1923.01.07	あけぼの		臺北 石原美智子
1923.01.07	靜かなる魂		臺中 富村月城
1923.01.07	眞紅だ		倉持玉碎
1923.01.07	二十二の春に立ちて		ためたのも
1923.01.09	お元日		鹽水街 平山東花
1923.01.10	門松		緋鷹紅椿
1923.01.10	童謠 濱邊の夕暮―濱の子の唄へる―		渡邊むつを
1923.01.10	民謠 火鉢の前で		臺北 青柳まさ路
1923.01.10	長詩 地底の呟き		臺北 佐藤剛生
1923.01.12	新年		大内 ○○○
1923.01.12	お正月		臺南 井上富士雄
1923.01.13	星よ		柳芽生
1923.01.15	童謠 ポスト		宮下宇詩夫
1923.01.17	長詩 生くる心		臺中 富村月城
1923.01.17	長詩 旅の印象		仲北白路
1923.01.17	君よさらば		磯田青潮
1923.01.17	長詩 手術臺		國仲竹堂
1923.01.23	童謠 お池の蛙		青柳まさ路
1923.01.24	評論詩 ふれるもの皆冷く		國仲竹堂
1923.01.26	民謠 流れ星		渡邊むつを
1923.01.26	民謠 お光は十九		臺北 青柳まさ路
1923.01.27	小さき羽蟲		臺北 柳芽生
1923.01.27	流星		青い瞳
1923.01.27	長詩 星は飛ぶ		龜山 中村幼
1923.02.01	小曲 春曲		後藤武
1923.02.06	童謠 とんぼの飛行機		學甲 井上富士雄
1923.02.06	童謠 森の鐘		臺南 大栗哀花
1923.02.07	長詩 農夫の歌		後藤武

1923.02.07	夜の怖れ	臺中 靜乃里
1923.02.07	童謠 わしが歸りを	臺北 青柳まさ路
1923.02.09	童謠 びーひろい	宮下宇詩夫
1923.02.13	童謠 田舍の夜	學甲 井上富士雄
1923.02.14	長詩 なやみ	森あきら
1923.02.21	長詩 冬の夜の公園	福住晚紅
1923.02.23	長詩 闇を走るもの	臺北 後藤武
1923.03.07	長詩 強く生きよ	臺中 富村月城
1923.03.07	長詩 利慾の秤り	稻山雨情
1923.03.07	長詩 更生の一夜	臺北 後藤武
1923.03.07	長詩 俺はどうしやう	基隆 林田淚果
1923.03.09	民謠 捨てかがみ	臺北 青柳まさ路
1923.03.13	童謠 たんぽゝ	苗栗小學五 劉潤才
1923.03.13	童謠 白つゝじ	南門小學四年 石黑ハナ
1923.03.14	小曲 好き！	臺北 小夜子
1923.03.14	小曲「惱める春青」	田寮港 葉子
1923.03.14	長詩 戀を夢みに男	中尊寺光男
1923.03.14	詩 開拓者	臺北 後藤武
1923.03.14	長詩 春の野に立ちて	臺北 石邊若春
1923.03.17	皇太子殿下奉迎歌	
1923.03.20	童謠 雨	樺山三 太田千鶴子
1923.03.20	童謠 コザル	樺山一 松尾輝男
1923.03.21	散文詩 大晦日の公設質舖	佐藤剛生
1923.03.21	民謠 其の夜の君	福田夏蔭
1923.03.21	小曲 フリージヤ	美智子
1923.03.22	長詩 月下の嘆き	國仲竹堂
1923.03.22	長詩 嘲	靜乃里
1923.03.24	氣狂は幸福	臺北 柳芽生
1923.03.27	童謠 雨と風	樺山小學五年 宮原次郎
1923.03.27	童謠 晴れた朝	樺山小學四年 前田登志子

1923.03.27	童謠 太陽		樺山小學六年 上田きみ
1923.03.28	旅にて（抒情詩）		臺北 青柳まさ路
1923.03.28	長詩 棕櫚の葉の跳躍		臺北 中尊寺光男
1923.03.31	求道するものの悲曲		悦痴惠壽
1923.04.03	童謠 お月さま		臺北 青柳まさ路
1923.04.03	童謠 私		苗栗公一 陳氏桂英
1923.04.11	長詩 哀れな敗慘者		國仲竹堂
1923.04.16	東宮殿下の南巡を頌し奉る		微臣 竹內友治郎
1923.05.01	祝創刊二十五周年		新竹 小林狗子
1923.06.06	童謠 さゞなみ		渡邊むつを
1923.06.06	春宵更けて		福住晩紅
1923.06.06	ダナイデス		多香詩
1923.06.06	詩二篇	幼兒	谷口多津雄
		人間	
1923.07.03	第三高女の作歌と作曲		
1923.07.03	童謠 からす		俊夫（十一歲）
1923.07.04	詩 夏の朝		下俊吉
1923.07.04	童謠 ゆふべ		緋鷹紅椿
1923.07.04	童謠 でゝ蟲		聖詩
1923.07.04	詩 市場の夜		臺北 中尊寺光男
1923.07.14	童謠 とりやの母さん		聖詩
1923.07.18	長詩 靜觀		淡水 富村月城
1923.07.18	お坊つちやん		かすみ子
1923.07.18	醒めふ＝母國の人々よ＝		臺北 下俊吉
1923.07.25	南國よ		黑潮
1923.07.25	暗闇な未來を見る		下俊吉
1923.07.25	童謠 お遍路さん		聖詩
1923.07.25	小曲 見送つて		かすみ子
1923.08.01	童謠 夕燒		詩樓
1923.08.01	前はお死に		臺北 青柳まさ路
1923.08.01	小曲 名なし草		秋野さわ子

1923.08.07	ヘイタイ		臺南州蒜頭小學一學年 吉田是一
1923.08.07	ウチノカアチヤン		臺北市建成小學一學年 葛岡ユキ
1923.08.07	ウチノモツカ		臺中州南投小學一學年 伊喜見泰吉
1923.08.07	水牛		臺南市南門小學一學年 尾上典三
1923.08.07	茶色のは		高雄州東港小學二學年 德成里子
1923.08.08	小曲「魂之宿」		葉子
1923.08.08	行啓紀念高砂節		中內蝶三
1923.08.15	敗慘者の希み		基隆 健之助
1923.08.15	夏の朝		於松山 不如歸生
1923.08.15	小曲 なみだ		かすみ子
1923.08.22	月と月琴		白鳥虛夢
1923.08.22	自らを鞭つ		鐵硯
1923.08.22	私の戀（ある人に代りて）		松山 不如歸生
1923.08.22	搖籃詩社作品	かまきり	渡邊むつを
		かに	武藤つね子
		月夜の千鳥	芳香睦美
		母さんお月さま	吉鹿ふみ子
1923.08.29	「ゆりかど」の歌（搖籃詩社の歌）		むつみ
1923.09.04	鐵砲蟲		高雄州岡山小學六學年 廣島嘉三
1923.09.04	かえる		臺南州北港小學三學年 小野朝治郎
1923.09.04	火		花蓮港廳○○小學三學年 木原仁
1923.09.04	やぎの友達		臺北州宜蘭小學六學年 古川トミ
1923.09.05	瞳		多香詩
1923.09.05	錯交		基隆 健之助
1923.09.05	童謠 四十雀		詩櫻

1923.09.05	童謠 きんきら星		大湖小學校尋三杉良子
1923.09.05	幻覺の中の跳躍（樂人藤原氏に捧ぐ）		國中竹堂
1923.09.11	汽車		臺南州西螺公學六年廉溫義
1923.09.11	文ちやん		臺北市蓬萊公學六年周氏嬌汝（十四）
1923.09.11	小犬		臺南州大埤公學三年楊廷輝
1923.09.11	童謠 夏の海		緋鷹紅椿
1923.09.12	小詩 平凡な踊		三戶夢朗
1923.09.12	第二回童謠研究會	雨じよい	藤芳三路
1923.09.12		きんきら星	藤芳三路
1923.09.12		天の川	武藤つね子
1923.09.19	童謠 笹舟		緋鷹紅椿
1923.09.19	秋風		永田二葉
1923.09.19	惡魔よ		狂田生
1923.09.19	心に祕めて		月見想
1923.09.19	岸で打つ浪		芳香睦美
1923.09.26	枯草		板橋 喜久雄
1923.09.26	無緣塔		永田二葉
1923.09.26	祈り		臺北 多摩夫
1923.10.02	蝶		多香詩
1923.10.03	散詩 夢		多香詩
1923.10.05	童謠 夕方		嘉義小學尋四 小泉信男
1923.10.05	童謠 雨		臺中市第二小學尋二植木晉七
1923.10.05	童謠 ようじゆの木		新竹州竹南小學尋二伊藤博夫
1923.10.10	長詩 鏡面の哲人		佐藤剛生
1923.10.16	童謠 星		大湖小學校尋三 兼久ゐみ子
1923.10.16	童謠 ゆふがほ		大湖小學校尋三 田

				中保
1923.10.16	お母あさま			たまき
1923.10.17	苦力の死			杜夜寺
1923.10.17	詩 わが世			多香詩
1923.10.18	童謠 子供と小鳥			緋鷹紅椿
1923.10.19	煙突の微笑			多香詩
1923.10.19	小曲 笹舟			藤芳さんぢ
1923.10.24	長詩 吃水線下で働く俺			藤間比露志
1923.10.26	斯く我は叫ぶ（評論詩）			國仲竹堂
1923.10.26	童謠 すず蟲			臺東小學校尋二 川野章
1923.10.26	童謠 せきれい			大湖小學校尋四 中川君子
1923.10.26	童謠 ごむまり			緋鷹紅椿
1923.10.31	民謠 山に未練が……			基隆 葉子
1923.10.31	詩 犬と語る			下俊吉
1923.11.07	出獄の日の歌			西雨之介
1923.11.07	木瓜の葉と俺			下俊吉
1923.11.14	長詩 死と恐怖の夜			福田夏蔭
1923.11.14	詩二篇	理想		樹青
		生命		
1923.11.14	表現派の詩二篇	郊外の印象		西雨之介
		無題		
1923.11.21	兄行く日			巖本多香詩
1923.11.21	火葬場			西雨之介
1923.11.21	或る女に送る			下俊吉
1923.12.05	電柱の上で			西雨之助
1923.12.05	戀の死人の詩			下俊吉
1924.01.01	詩		再生の新春	國仲竹堂
1924.01.01		佳作	靜かな晝	下俊吉
1924.01.01			生の祈り	谷秋一郎
1924.01.01		三等	太陽と雪割草	蕉雨

1924.01.01		二等	喜びの巷	森武雄
1924.01.01		一等	希望	藤間比露志
1924.01.01	童謠	佳作	お正月	臺南 井上富士雄
1924.01.01			お正月	臺南 琴美
1924.01.01			燒けた都	新竹 鈴木宏之
1924.01.01			初夢	臺北 植村蘭花
1924.01.01			凧	臺北 平出文子
1924.01.01			年の暮	臺北 渡邊露美
1924.01.01			紅茸	新竹 藤芳さんぢ
1924.01.01			お日樣	嘉義 平山嘉邦
1924.01.01			羽つきの唄	臺北 中島光葉
1924.01.01		三等	お正月	臺北 みち子
1924.01.01		二等	逃げたお正月	臺北 葛睦子
1924.01.01		一等	お正月	緋鷹紅椿
1924.01.01	民謠	二等	胸の小草	岩橋紫陽
1924.01.01		一等	晴雨著る朝	巖本多香詩
1924.01.09	巖頭に立ちて			國仲竹堂
1924.01.17	或る男の遺書			城崎喜一郎
1924.01.19	皇太子殿下御成婚奉祝唱歌			
1924.01.23	提燈行列の行進歌			
1924.01.23	新竹街民の歌ふ奉祝歌			
1924.02.06	民謠 潮は吼へる			多香詩
1924.02.06	詩五篇	をんな		下俊吉
		若い女に		
		南洋の人形		
		憂鬱		
		記憶		
1924.02.06	人間滅絕の日			西雨之介
1924.02.13	野獸のやうな町			星○社同人 渡邊彰隆
1924.02.13	焦土の復活			藤間比露志
1924.02.18	童謠 枯葉の踊り			野村詩樓

1924.02.18	民謠 出船		野村詩樓
1924.02.18	長詩 寂しき恨み		竹堂
1924.02.18	長詩 春に湧く追憶		中島光葉
1924.02.18	童謠 ひつこし		緋鷹紅椿
1924.02.18	苦い酒		多香詩
1924.02.18	盲人と語る		西雨之介
1924.02.25	童謠 河原で		渡邊むつを
1924.02.25	小曲 ちどり		芳香睦美
1924.02.25	苦惱		南投 草平
1924.03.03	童謠 雨やどり		緋鷹紅椿
1924.03.03	童謠 雀の子		松井美登里
1924.03.03	叛逆者		唐仁原禾陽
1924.03.03	フラレ男 トーガニストの詩		下地一秋
1924.03.03	二題	いてふがべし	並川萩湖
		朝歸り	
1924.03.03	月の夜		北ひろ志
1924.03.03	童謠 お空の大將		片山星雫
1924.03.10	童謠 麥ふみ		中島光葉
1924.03.10	童謠 ぽち		松井美登里
1924.03.10	僕はひろっぱが好きだ		西雨之介
1924.03.10	狂醉の賦		下俊吉
1924.03.10	童謠 南京玉		中島光葉
1924.03.10	小曲 すゝらん		芳香睦美
1924.03.10	童謠 汽車		唐仁原南陽
1924.03.10	詩 競馬を見て		福田夏蔭
1924.03.17	民謠 鍬もつ腕		松井美登里
1924.03.17	詩 暗を行く影		多香詩
1924.03.17	長詩 綠の丘の上にて		國仲竹堂
1924.03.17	童謠 シーソ		藤芳さんぢ
1924.03.26	長詩 流眄の誘惑		富村月城
1924.03.26	童謠 夕暮		澪之助

1924.03.26	雨期の詩二篇	かなしき眺望	下俊吉
		春の化粧	
1924.03.26	童謠 やもり		松井美登里
1924.03.26	詩二篇	夜更け	谷山健
		世間	
1924.03.26	童謠 星の子		藤芳三次
1924.03.31	黃昏		谷山健
1924.03.31	童謠 兎の餅つき		外與子
1924.03.31	童謠 燕さん		藤芳さんぢ
1924.03.31	童謠 ボケの花		藤芳さんぢ
1924.03.31	長詩 積み重ねれた憂鬱		佐藤剛生
1924.03.31	詩 負け惜み		小島倭佐男
1924.03.31	民謠 物想ふころ		繪耳羊二
1924.04.07	時は若さを持去る		岡生
1924.04.07	童謠 桃の花		藤芳さんぢ
1924.04.07	童謠 影		志村めのる
1924.04.07	童謠 蛙のお家		松井美登里
1924.04.14	俺と妹		下俊吉
1924.04.14	冷めた情熱		眞弓鷗濤
1924.04.14	女學生達に		桃園 謝文倉
1924.04.14	童謠 春の野		中島光葉
1924.04.14	童謠 はげ犬		野村詩樓
1924.04.14	童謠 さくらんぼ		藤芳さんぢ
1924.04.14	童謠 雨坊主		市岡洋一
1924.04.21	古手紙		谷口雄一
1924.04.29	詩 人生は短い		下俊吉
1924.04.29	口語詩 カナリヤ		國中竹堂
1924.04.29	散文詩 四月の焰		植月鳥之助
1924.04.29	民謠 雨の春夜		多香詩
1924.04.29	小唄 機織娘		谷口雄一
1924.04.29	民謠 浮氣女子		野村詩樓
1924.05.05	夜の濱邊		田中幾三

1924.05.05	童謠 歸りが遲い		安田まさ緒
1924.05.05	詩 女の言葉		一條春河
1924.05.05	童謠 野つ原		藤芳さんぢ
1924.05.05	童謠 雀		野村詩樓
1924.05.05	覺めゆく心		片島やすし
1924.05.05	慘しき悔悟		一條遙
1924.05.05	青春の躍動		中島勝利
1924.05.05	童謠 影ぼし		中島光葉
1924.05.08	小曲 禁斷の戀		谷口雄一
1924.05.12	木の葉		謝文倉
1924.05.12	靄		戎克船同人 倉持玉之助
1924.05.12	童謠 一年生		安田まさ緒
1924.05.12	童謠 雲		高橋雨燕
1924.05.12	若き詩人よ		羅東 國吉曉鳥
1924.05.12	情熱の島よ、さらば！＝別離に際し愛と惱もて謳ふ＝		國仲竹堂
1924.05.19	詩 苦悶の命		久保田賴子
1924.05.19	詩 誘惑の生長―素裸の子供たちの魂に告ぐ		植月鳥之助
1924.05.19	詩二篇	夏の燥ぎ	杉山靄珠
		瞬間の火花	
1924.05.27	空を唄ふ（倦怠）		星○社同人 野口のぼる
1924.05.27	默禮		戎克船詩社同人 中島勝利
1924.05.27	詩 私たちの幸福		宜蘭 國吉曉鳥
1924.05.27	散文詩 燈臺の歌―嫁ぎゆく人におくる		一條春河
1924.05.27	淚の赤椿		木ノ上芳星
1924.05.27	童謠 摘草		片山星雫
1924.05.27	不良少女禮讚		臺中 三室新
1924.06.15	月の光りに		きよ詩
1924.06.15	童謠 牛見に行かう		安田まさ緒
1924.06.15	（詩）夕べの海		多香詩

1924.08.27	夏の臺北		京都にて 柯設偕
1924.09.03	童謠 鈴なるカツコ		中井修
1924.10.03	童謠 夕燒		歌川小雨
1924.10.07	美術の詩		ボストン美術館長 モーリス・グレイ作
1924.10.08	秋小曲		文子
1924.10.31	童謠 のはら		
1924.11.27	生蕃の人形と俺と俺の愛兒		下俊吉
1924.11.29	烏來の蕃社にて		下俊吉
1924.11.30	蘭陽の四季		
1924.12.03	空中詩二題	るうびんぐ	野口のぼる
		第六感─ハッピイ	
1925.01.01	童謠 雪		長尾一星
1925.01.01	童謠 春		○○春海
1925.01.01	童謠 空の雲		福澤ダケ子
1925.01.01	童謠 きんぎよ		杉山直政
1925.01.29	童謠 お留守居		西田正美
1925.02.06	童謠 お迎ひ		本田千里
1925.02.27	童謠 夜道		原田紫山
1925.03.04	陸軍記念日行進歌 遼陽城頭の曲		
1925.03.08	光と影		服部郁之介
1925.03.08	みどりいろの神祕		野口のぼる
1925.03.08	冬の揉情詩		美椰清
1925.03.20	童謠 河千鳥		藤浪由之
1925.03.24	炎天社同人詩作一篇集	現實	下俊吉
		二月の朝	小島倭佐男
		凝視	德田昌子
		幡隨院長兵衛	上清哉
		若き日の悩み	保坂翠華
		夜の海港	不二原泉三郎
		短詩	谷口多津雄

1925.03.24	詩	人生	村松死解淚
		妻	
		感情畑の耕作人	
		ゴム風船の博士	
		うつけもの	
		酒の時	
1925.03.24	長詩 寂寥		月丘薔薇夫
1925.03.27	高農の寮歌		原義江
1925.03.31	詩の力		梶島のぼる
1925.03.31	民謠「この私」		詩樓生
1925.03.31	詩劇 微かなる大地の吐息		西川滿
1925.03.31	斷章數篇		岩元たかし
1925.04.07	詩 綠色の空		一條かほる
1925.04.07	詩 進め光を辿りて		村松死解淚
1925.04.07	炎天社同人詩作一篇集	太陽禮讚	谷口多津雄
		果物店	不二原泉三郎
		退時	林靜夫
		過去と現實	保坂翠華
		臺灣藝姐	謝文倉
		二月多	小島倭佐男
		相ひ寄る魂	德田昌子
		四月は太陽笑った	下俊吉
1925.04.07	短篇三	人生五十	古內いさむ
		死	
		亂想	
1925.04.07	抒情小曲 初戀		野村詩樓
1925.04.07	一筋の道		福澤靜羊
1925.04.14	南天の實		宮尾進
1925.04.14	無緣塚		杜の人
1925.04.14	詩 情熱の爆發		月丘薔薇夫
1925.04.21	ある情景		松尾幸子

1925.04.21	炎天社同人詩作一篇集	斷片	不二原泉三郎
		失題	上清哉
		朝	林靜夫
		朝	保坂翠華
		ダイヤ誇にる人々へ	謝文倉
		無題	服部郁之介
		額	小島倭佐男
		無題	德田昌子
		野邊にて	谷口多津雄
		癈人	下俊吉
1925.04.21	或日の耳語		左右田肇
1925.04.21	民謠 阿里山情緒—去る年森林治水の調査を共にせし人々とあの阿里山の杣夫さん達へ—	鹿の聲	宮尾進
		木挽き唄	
		おがくづこくづ	
		眠月峠	
		下り獨立山	
		阿里の檜を	
1925.04.21	詩 幻想		ゆみやひとし生
1925.04.29	抒情小曲「つぐのひ」		野村詩櫻
1925.04.29	晩春に居りて		南溟社 多香詩
1925.04.29	詩劇 青春		
1925.05.01	銀婚式奉祝行進歌		
1925.05.05	「地球がかたまつた翌日のこと」		草野心平
1925.05.05	民謠 男三十路は	男三十路は	芳香睦美
		戀はうきもの	
		咲いた櫻	
		あの鐘の音	
1925.05.05	抒情小曲「乙女の日よ」		野村詩櫻
1925.05.09	高雄の奉祝行進歌		

1925.05.12	炎天社同人詩作一篇集	祕密の畫室	上清哉
		工場	林靜夫
		落日の光り	德田昌子
		衣更	保坂翠華
		無題	服部郁之介
		街上素描	不二原泉三郎
		皮	小島倭佐男
		無えものは	中山松男
		紙幣	谷口多津雄
		胡弓を聞く	下俊吉
1925.05.13	「初戀の頃」の小唄		
1925.05.19	秩父宮奉迎行進歌		松井實
1925.05.20	初夏の炎天		佐津木斐嗟雄
1925.05.20	民謠 板ばさみ	板ばさみ	宮尾進
		河原河鹿	
		お靜坊	
1925.05.20	詩三篇	三月	藤間信郎
		夏來る	
		雨後	
1925.05.20	初夏		松尾幸子
	ちづ子に		
1925.05.20	醉ひ醒めの頃		草野心平
1925.05.25	新竹の奉迎歌		
1925.05.27	悲しき哄笑		福田夏蔭
1925.05.27	抒情小曲 朝の月		野村詩樓
1925.05.27	五月の公園		林潤一郎
1925.05.27	狂人		金子愛美
1925.05.27	童謠集	かつぽりの鈴	日高紅椿
		宿さがし	
		山の小鳥	

1925.05.27	炎天社同人詩作一篇集	男と女	下俊吉
		俺は見た	上清哉
		凝視	德田昌子
		五月雨	保坂翠華
		春	不二原泉三郎
		お前は紫の靴下	小島倭佐男
		破戀	谷口多津雄
1925.06.01	澎湖島奉迎歌		
1925.06.02	童謠 目白		中井嶺城
1925.06.03	生きよ！		石內いさむ
1925.06.03	石工		金子愛美
1925.06.03	薔薇の花		飯田宵星
1925.06.03	今の世の人間は微笑む		陸島權三
1925.06.03	抒情小曲三篇	戀ふ君	野村詩櫻
		薄い情	
		初戀	
1925.06.05	童謠 沖		高森春月
1925.06.10	晚餐		野口鴻
1925.06.10	妹よ默つてゐて吳れ		片柳美津雄
1925.06.25	小曲 蛇目傘		富山秀二
1925.06.25	詩 古泉の青蛙		百忍堂棟蘭
1925.06.25	陰をゆく若者		北ひろし
1925.07.01	聖純を抱く人		服部郁之介
1925.07.01	六月の女		香川滾一郎
1925.07.01	投石		金子愛美
1925.07.01	一杯の水		佐津木斐嗟雄
1925.07.01	抒情小曲 處女の日のこと	潮の聲	野村詩櫻
		聖堂の鐘	
		夕の鍾	
1925.07.09	暮鐘の音は怨恨に夜ぶ（詩）		北ひろし
1925.07.09	抒情詩 妙なる調べも		百忍堂棟蘭
1925.07.09	午前二時半─旅立つ者の言葉─		南溟社 岩元多香詩

1925.07.15	旗を撒く			藤原泉三郎
1925.07.15	詩 自己嘲笑			山下よしひ良
1925.07.15	民謠自選小集 夢を抱く	峠の茶屋の		野村詩樓
		山の雨		
		君を戀ふ		
		星を數へて		
1925.07.15	空中詩 いつせつな			野口昂
1925.07.15	夏の暮がた			菊池恭之介
	ふとふれし			
1925.07.15	童謠 啼くお鳩他一篇	啼くお鳩		宮尾進
		釣橋渡り		
1925.07.23	練獄			志水眞砂夫
1925.07.23	民謠四篇	沖は遙かよ		みや、きよし
		雨の港まち		
		廿三夜様		
		沖のかがり火		
1925.07.23	詩三篇	夏の夕暮		上清哉
		人生を割る		
		暴風雨の夜		
1925.07.30	童謠 かみきり蟲			森路葉
1925.07.30	童謠 青い海			森路葉
1925.07.30	民謠 われ一日基隆に遊ぶ	地曳網の唄	地曳網の唄	宮尾進
			あんね	
			船唄	
			赤鯛つり	
		社寮島鰹節會社 女工の唄	しなし唄	
			朝夕四章	
1925.07.30	童謠 或る日の情緒 虹の橋（他數篇）	五月の歌		芳香睦美
		燕		
		夏の國		
		虹の橋		
		すゞ風		

1925.07.30	自選童謠小集「渡り鳥」	峠の時雨		野村詩櫻
		妹を想ふ		
		草刈り歸り		
		搖籃		
1925.08.07	長篇敘事詩「戀は一つにして寂し」の中より			渡邊むつを
1925.08.07	民謠篇 麥踏み他數篇	麥踏み		芳香睦美
		やゝ兒は抱かれて		
		細いステッキに		
		ふらふらと		
1925.08.07	民謠 われ一日基隆に遊ぶ（2）	クルベ一海濱にて	渚の唄	宮尾進
			夕陽になく	
			磯邊	
			傳馬船	
			闇の前	
			夜海遠近	
1925.08.14	斷片思想			片島やすし
1925.08.14	海水浴			今岡弘
1925.08.20	眞夏			百忍堂棟蘭
1925.08.20	童謠篇 おとぎ箱 舌切り雀（他數篇）	舌切り雀		芳香睦美
		お山の夜		
		大山羊 小山羊		
		お池の雨だれ		
1925.08.20	詩二篇	夜の公園		クヤスミン同人 藤原泉三郎 上清哉
		貧しき兄		
1925.08.20	詩 甘言劇の樂屋			町木丁二
1925.08.28	朝の心			藤原泉三郎
1925.08.28	「パパヤ童謠一篇集」 臺灣童謠協會	さくら貝		渡邊むつを
		案山子のをぢさん		きよし・みや
		朝風		鈴木義夫
		鳥屋のをぢさん		野村志朗
		ラッパ草		宮尾進

1925.08.28	初秋の朝		上田平淸三
1925.09.04	文明の陰謀		金子愛美
1925.09.04	さやうなら		鶴田白秋
1925.09.11	秋		衛藤雅
1925.09.11	綠草に轉ぶ		上田平淸三
1925.09.11	かわら千鳥		藤吉靜子
1925.09.18	民謠二扁〔註4〕	船うた	みやきよし
		しぐれ山かよ	
1925.09.18	寂寥		金子愛美
1925.09.18	暗黑の殿堂―他二篇―		北ひろし
	鈴を振つて步るく		
	生存		
1925.09.18	自選抒情小曲（二扁〔註5〕）	微笑	野村詩樓
		聖寺の鐘に	
1925.09.25	ポスト		ひさご
1925.09.25	自選抒情小曲（三篇）	幸福を待つ	野村詩樓
		まどろみのひとゝき	
		秋	
1925.09.25	青い鳥の棲む＝「臺中」お懷ふ＝		後藤大治
1925.09.25	白日の街上		梶島のぼる
1925.10.02	初秋小曲 惱ましの窓		HM生
1925.10.02	燃ゆる心		楊孤舟
1925.10.09	童謠 やぶれ蝶々		森路葉
1925.10.09	童謠 朝起き		日高紅椿
1925.10.09	童謠 五本の指		上山夜詩子

〔註4〕原文如此。應爲「二篇」之誤植。
〔註5〕同前註。

1925.10.09	童謠編 緑り色のカーテン眠り人形の唄（他數篇）	お休み　お休み	芳香睦美
		鈴蟲賣り	
		雨が降る	
		子守り唄	
		雀のお宿	
		山は夕燒	
		水すまし	
		夕ぐれの唄	
1925.10.09	童謠劇 椿姫の歎き		中山牧村
1925.10.09	童謠 思ひ出のパパヤ		松井みどり
1925.10.09	童謠 提燈ばな		賤機多味男
1925.10.16	薄れゆく歡喜よ悲哀は榮えゆく		保坂瀧雄
1925.10.16	童謠 種まき山茶花		青柳花明
1925.10.16	民謠五篇	ひのえ午	栗原白也
		藁砧	
		幟立つ	
		嫁入り	
		泣いたとて	
1925.10.16	汽關車		岡本繁
1925.10.16		雲に沈む	林英一郎
		共同便所の裏	
		夕景	
1925.10.16	童謠 お月樣		保坂瀧雄
1925.10.16	影		金子愛美
1925.10.23	南國の小女		梶島のぼる
1925.10.23	詩 故鄉の海を憶ふ		松尾幸子
1925.10.23	詩 手		倉地生吉
1925.10.23	詩二篇	ゆうとぴや	野口昂
		敲きつける感情	
1925.11.06	秋の詩三篇	詩人よ	長木重夫
		食べたい	
		秋	

1925.11.06	童謠 白い鳩		金子愛美
1925.11.06	童謠集「博多人形」	おりこ雀	日高紅椿
		からす	
		朝燕	
		お舟	
		せどの子供	
		乙鳥	
		誰もが知らぬ詰	
		口笛	
1925.11.06	「紅小萩」		堀野さき子
1925.11.12	臺南神社列格奉祝歌		
1925.11.13	（詩）病愁		林英一郎
1925.11.13	假面・芝居そして神		黒き鐵假面の人
1925.11.13	健康な詩三篇―矢澤秀夫兄に―		佐津木斐嗟雄
1925.11.13	（詩）街頭行進曲		野口のぼる
1925.11.20	涙		金子愛美
1925.11.20	（詩）孤獨の叫び		梶島のぼる
1925.11.20	（詩）護送馬車		足立武夫
1925.11.20	詩二篇	秋の夜の情感	佐津木斐嗟雄
		今朝の歡び	
1925.11.20	抒情小曲 てのすな		うらし生
1925.11.20	民謠三篇 寐みだれ髪	雨に茅野の	野村志郎
		寐みだれ髪	
		切れた戀	
1925.11.27	抒情小曲 紫菀		のむら・志朗
1925.11.27	私の詩二篇	小さな冒險家	福田夏蔭
		闇夜の女	
1925.11.27	秋の詩集		長木重夫
1925.12.05	小詩四篇	淡水小景	藤原泉三郎
		無題	
		無題	
		臺北橋風景	

1925.12.05	詩 嵐と少女		瞳ゆめ
1925.12.05	小草の花		堀野さき子
1925.12.05	民謠篇 アーク燈に（他數篇）	アーク燈に	臺北 芳香睦美
		雨が降る夜の	
		歸り	
		朝の門出に	
1925.12.05	南國十一月の空		森龍之助
1925.12.05	（詩）さらば東京		丸井新吾
1925.12.05	抒情小曲 ひとりゐ		野村しろう
1925.12.05	情熱の薔薇		金子愛美
1925.12.05	嘲笑		梶島のぼる
1925.12.11	秋二相		堀野さき子
1925.12.11	抒情小曲 微風の日		のむら・志朗
1925.12.11	冬の詩二篇	夜の街	福田夏蔭
		冬空	
1925.12.11	自選詩稿—過去帖より—	赤い石榴	畑春之輔
		柳の下に	
		小さな祕密	
		落し文	
1925.12.11	童謠二篇	菊が咲いたのに	藤芳さんぢ
		はたけのきぎくは	
1925.12.11	サンパンに乘って		上田平清三
	晴天		
1925.12.11	求められない慾望		金子愛美
1925.12.11	童謠五篇集【神にまで通ふ心から】	あやしてる	宮尾進
		深山鳥	
		日向のお孃	
		水すまし	
		はなれ小鳥の	
1925.12.18	顏—又は自ら見忘れた私の顏—		林泉三郎
1925.12.25	生の禱り		梶島のぼる
1925.12.25	小曲 かるた會		山本春子

1925.12.25	救ひの使者はまだ見えぬ		堀田時子
1926.01.12	詩 因緣—病める野ばらと痩せる牡羊—		梶島のぼる
1926.01.12	白いと椿—二人の少女—		中山牧村
1926.01.15	おどけた夢と私		上清哉
1926.01.15	私の神樣		林靜夫
1926.01.15	小曲 春の旅人		山村春子
1926.01.15	詩二篇	火蛾	堀野さき子
		まひる月	
1926.01.15	戀の小唄	其俤	高頭正敏
		破魂	
1926.01.15	私の哀傷詩篇	獨り歩く	長木重夫
		風の無い日	
		大空	
		カレンダー	
1926.01.15	抒情小曲 初秋		のむら・志朗
1926.01.22	詩三篇	またに臺北に出て	上田平清三
		お母さん	
		清火天	
1926.01.22	旅愁		衛藤雅
1926.01.22	難漕		高頭正城
1926.01.22	をとめの日		堀野さき子
1926.01.22	地に踊る魂		福田夏蔭
1926.01.22	悩み		いていさを
1926.01.29	詩 戀		りやう・き
1926.01.29	悲しい現實の瞳		長木重夫
1926.01.29	散文詩 病みてうたへる		堀野さき子
1926.01.29	青光三編	二本のレール	南溟社 岩元峻
		石炭酸の瓶	
		蠅の青い目玉	
1926.02.06	感する魂の力		昇清之介
1926.02.06	焦躁		いていさを
1926.02.06	「涙もいです」		堀野さき子

1926.02.06	暖かな冬の宵		藤原泉三郎
	夜の噴水		
	寒夜		
1926.02.06	我が心		津村ふさ子
1926.02.09	建國歌		北原白秋
1926.02.13	卜卦人		藤原泉三郎
1926.02.13	あの頃の思ひ出		上清哉
1926.02.13	雨三篇	雨を聽きなから	昇清之介
		雨	
		雨後	
1926.02.13	夢		衛藤雅
1926.02.13	「君やいかに」		堀野さき子
1926.02.13	詩二篇	現實に喘ぐ	今村美代詩
		魂に告ぐ	
1926.02.19	こわれた花瓶（シユリー・プリユードム作）		根津令一 譯
1926.02.19	考吉の唄（一）	古靴足袋と彼	考吉
		眞夜の哄笑	
		銀座へ	
		貧しきなまけ者の悲しみ	
		彼の友「ケイ坊」	
		彼の戀人	
1926.02.25	千枝宮本兩氏の飛行慘禍の琵琶歌		大西笠峯、吉光嶺翠
1926.02.26	瞳		みどり
1926.02.26	考吉の唄（二）	ブーベンコップとその戀	考吉
		オフラーとに包んで	
		父をおもふ	
1926.02.26	雄々しきみ魂に捧ぐ		臺中 てつお
1926.02.26	とりに及ばず		堀野さき子
1926.02.26	生蕃の歌へる		內田夕闇

1926.02.26	詩 此の朝の歌	朝風に	新山すみゑ
		朝霧	
		朝食	
1926.02.26	若き日の斷片		今村美代詩
1926.03.05	童心詩 水すまし─河邊に憩ひて─		宮尾進
1926.03.05	考吉の唄（三）	私生兒墮胎	考吉
		剃刀	
		魂の放浪	
1926.03.12	雨と生活と		上田平清三
1926.03.12	墓場の笛吹き		金子愛美
1926.03.12	散水夫の得た力強い朝の話		陸崎鐵朗
1926.03.12	幸福		新竹 高頭正敏
	ま晝の夢		
1926.03.12	野生		陸崎鐵朗
1926.03.12	考吉の唄（四）	夜の銀座を歩む人々	考吉
		ねずみの死骸	
1926.03.19	早春に唄ふ		上清哉
	猫と私と春		
1926.03.19	かどで		森浩
1926.03.19	小曲二篇	風に賴みて	堀野さき子
		かへりこし	
1926.03.19	考吉の唄（五）	健康を戀ぶる	考吉
		プロと女	
		夢と現	
		或月末の一日	
1926.03.19	このころの唄	眞晝の精神	植月信一郎
		憂鬱の苦行	
		クロス	
		深夜の壁	
1926.03.19	力		陸崎鐵朗
1926.03.24	高雄の奉迎行進歌		本田高女校長
1926.03.26	弱き者の歌へる		堀野さき子
1926.03.26	雛鳥の死		みどり
1926.04.02	高松宮奉迎臺南行進歌		

1926.04.02	牡丹雪─臺灣の友へ─			堀田時子
1926.04.02	出帆			佐津木斐嗟雄
1926.04.06	高松宮殿下の奉迎行進歌			
1926.04.09	憂愁を燒く			上田平清三
1926.04.09	神を捨た者			雨蛙
	寒い日			
1926.04.09	なごやかな心を			堀野さき子
1926.04.09	黑き服─忘れ得ぬ君に─			T子
1926.04.09	霧の夜			昇清之介
1926.04.09	死蠟を焚く			長木重夫
1926.04.09	孤獨の棲家			金子愛美
1926.04.16	人生の出口			長木重夫
1926.04.16	苦しき記憶	セトナーデ		龍之助
		公園にて		
		黃色の封筒		
1926.04.16	自嘲＝他嘲			金子愛美
1926.04.23	雨中の大音樂			長木重夫
1926.04.23	かなしみ			のむら志郎
1926.04.30	濁流の渦	俺を呪ひに沈めしは		北ひろし
		涙は流れる呪咀の上に		
1926.05.07	裏町の野犬	蒼白の月		北ひろし
		レール		
		骸骨		
		煙		
		爛れた足		
1926.05.20	詩「春」			林田靜雄
1926.05.21	「ネオ」同人集	無題（ポール・ベルレーヌ作）		根津令一譯
		題寄文＝アンリ・ミュルジエ作「冬の夜」より		村上長雄
		港空、海、心	哨船頭に渡る	吉村富二郎
			起重機	
			解纜	
			海はみどり兒	

1926.05.29	臺灣禮讚	本島人の若い女の方方へ	平田東花
		げいとめん	
		土にまみれるギナよ	
1926.05.29	歸鄉便り		林靜夫
1926.05.29	戀心—散文詩—		梶島のぼる
1926.05.29	（詩）蒼白い月の下の坐像	人間を冷笑する	北ひろし
		蒼白い月光	
		靜寂	
		氣をつけて行け	
1926.05.29	われをかしめな		堀野さき子
1926.06.04	もぐら		二水白雲
1926.06.11	魂の大動脈		服部郁之介
1926.06.11	人生の畫布	男	みや・きよし
		時	
		人生	
		戀	
		時計	
1926.06.11	農村の朝		小淵賢二
1926.06.19	純情夜曲—東京にて—	水町たか子氏に	松本きよ詩
		瀧澤千壽枝氏に	
		竹下津芳氏に	
1926.06.19	憂鬱なる黑點		高須正敏
1926.06.19	をどけしこびと		堀野さき子
1926.06.19	六月の午後		福田元弘
1926.06.25	繪具皿		長木重夫
1926.06.25	屋根裏の苦笑		福田夏蔭
1926.06.25	蒼白い感傷		早乙女香史朗
1926.06.25	今の世を嗤ふ		聯秀雄
1926.07.02	パラソル		聯秀雄
1926.07.02	ペスミスト		福田元弘
1926.07.23	倦怠		早乙女香史朗

1926.07.23	音信			上清哉
1926.07.30	青藍の海、			宇田蘇秋
1926.07.30	小品文 風鈴			平田東花
1926.08.06	（長詩）秀子			關川保
1926.08.06	私の人生			しみず、じゅん
1926.08.06	跛つこ			倉持玉之助
1926.08.11	臺北州蕃童教育所校歌			
1926.08.13	午後			志景登詩郎
1926.08.13	憂鬱を忘るべく			上清哉
	賽の河原			
1926.08.13	高原に立ちて			能島勉三
1926.08.13	エプロンの處女よ			石川蘆笛
1926.08.13	街角に立ちて			城戶俊次
1926.08.13	友への追懷を描く			陸崎鐵朗
1926.08.20	ステレツの夜			志景登詩郎
1926.08.20	灯の頃			福澤文吾
1926.08.20	風鈴			正秋
1926.08.20	人生素描	ある夜		みや　きよし
		金齒		
1926.08.27	目が歩いてゐる			佐藤正人
1926.08.27	基隆の海	一　クルベーの磯にて		松尾幸子
		二　港の巡洋艦		
1926.08.27	詩三篇	朝		服部郁之助
		寂		
		獸想		
1926.08.27	人生を唄ふ			丸山小靜
1926.08.29	逝く秋			のむら・志朗
1926.09.03	素描			根引久吉
1926.09.03	抒情小曲 海濱低唱			中山すゝむ
1926.09.03	未完成の畫家			王白淵
1926.09.03	淋しい風景			上田平清三
1926.09.03	龍骨車			城戶俊次

1926.09.10	眞の人間味		無名氏
1926.09.10	夕立		衣笠繁
1926.09.10	抒情小曲 博多人形		中山すゝむ
1926.09.16	詩三篇	憂ひ	根引久吉
		窓	
		ローソク	
1926.09.17	蛇		衣笠繁
1926.09.17	雨		上野重利
1926.09.17	小曲二篇	君が幻	のむら志朗
		かただより	
1926.09.17	壺と水		柳田愼吾
1926.09.17	白い花		石川芦笛
1926.09.17	童謠集 きまぐれ蜻蛉	一　小犬	日高紅椿
		二　秋夜	
		三　きまぐれ蜻蛉	
1926.09.17	靜かな夕		梶島のぼる
1926.09.26	野はら		上野重利
1926.09.26	「少女泣く」		城戸俊次
1926.09.26	白き色		林洋多浪
	後の心		
1926.09.26	童謠集 お伽ぎ唄	A　兔と龜	日高紅椿
		B　金太郎	
		C　竹やぶ	
1926.09.26	民謠「あきらめませうな」		堀野さき子
1926.09.26	落葉		王白淵
1926.10.01	哀傷詩編	泪	森田よし子
		瞳	
1926.10.01	細路		堀野さき子
1926.10.01	童謠 象牙の虹	お晝の砂濱	中山すゝむ
		按摩さん	

1926.10.01	無題		志景登詩郎
1926.10.01	我が人生		徐富
1926.10.01	斷片		福島里流
1926.10.08	秋二題		白崎淳三
1926.10.08	女の眼の光り		城戶俊次
1926.10.08	青い私の感謝		長木重夫
1926.10.15	民謠		上野重利
1926.10.15	童謠「わつしよい」	わつしよい	日高紅椿
		夕傘	
1926.10.26	大妃殿下奉迎歌		
1926.10.30	少女		上野重登詩
1926.11.05	雲		葉椰子
1926.11.12	詩 秋の日		儻夢蜆
1926.11.12	死の讚美		西螺 西本周
1926.11.12	祭の橫顔		根引久哉
1926.11.12	白浪と話す		上野重登詩
1926.11.12	童謠集 秋風が吹く	かり	日高紅椿
		夕星	
		小雉	
		稻田の夜香	
1926.11.12	童謠 夕燒こやけ		竹中秋三
1926.11.12	若者の會話		志景登詩郎
1926.11.19	更生した俺		北ひろし
1926.11.19	紫の煙		城戶俊次
1926.11.26	詩の手控帖より		冬木幾子
1926.11.26	夕暮		上野重登詩
1926.11.26	墓		儻夢蜆
1926.11.26	プロ片語		橋本茂人
1926.12.03	淋しい微笑		上野重登詩
	少女		

1926.12.03	短章詩編〔註6〕	A　汽車	阪口邦雄
		B	
		C	
		D	
		E	
		F	
1926.12.03	落葉〔註7〕		王白淵
1926.12.17	パン屋の娘		名里清
1926.12.17	詩！倦怠！		黑潮美津男
1926.12.17	樂隊		上野重登詩
1926.12.24	歲暮夜景		長木重夫
1926.12.24	童謠集　さゝやき	登校の朝	日高紅椿
		お牛	
		臺灣烏	

〔註6〕原文即只有A篇有標題「汽車」，B至F篇皆無標題。
〔註7〕此詩內容與9月26日所刊之〈落葉〉完全相同，應爲編輯誤刊二次。

附錄三：《臺灣日日新報》、《臺灣教育》上大正期台灣詩人之日文新詩列表

時間	媒體		題目		作者
1921.11.01	臺灣教育 234	童謠	テノユビ		陳湘耀
1922.01.01	臺灣教育 236	童謠	蜂さん		陳湘耀
			火事		
1922.04.01	臺灣教育 239	童謠	大毬小毬		莊月芳
			甘蔗		莊傳沛
			雨		
1922.05.01	臺灣教育 240	童謠	ダリヤ（賞）		莊傳沛
			佳作	雲雀	莊月芳
				撫子	莊傳沛
1922.06.01	臺灣教育 241	童謠	佳作	お星さま	莊傳沛
1922.07.01	臺灣教育 242	詩	虹		C. G. Rossetti 張耀堂譯
			舊き友と新しき友		Free Lance 張耀堂譯
		童謠	母こひし		莊傳沛

1922.08.01	臺灣教育 243	詩稿	臺灣に居住する人々に	張耀堂
			有福	T Magazine 張耀堂 譯
			展覽會に際して	張耀堂
		童謠	甘蔗畑	莊傳沛
			オ星樣	陳湘耀
			キユウピー	陳湘耀
1922.08.29	臺灣日日新報	童謠 風船玉		莊傳沛
1922.09.01	臺灣教育 244		渴望	T Magazine 張耀堂 譯
			青年愛のシムボル春月	張耀堂
		童謠	燕ちやん	莊傳沛
			母ちやん歸る	莊傳沛
			月がかはいさう	莊傳沛
			子守	陳湘耀
			露のお團子	陳湘耀
			火と花	陳湘耀
1922.10.01	臺灣教育 245		Poem	張耀堂
		童謠	リン／＼	陳保宗
			姉ちやん	陳湘耀
			赤い花	徐富
1922.10.03	臺灣日日新報	童謠 嵐		宜蘭 林蒼田
1922.11.01	臺灣教育 246	童謠	鈴	陳保宗
			飛行機	
			燕ちやん	
			太鼓さん	黃五湖
1922.12.01	臺灣教育 247		蝙蝠	陳湘耀
			見知らぬ國	莊傳沛
1922.12.08	臺灣日日新報	民謠 浮ぶ幻		學甲 莊月芳
1922.12.19	臺灣日日新報	童謠 やかん		苗栗小學尋五 鍾業英

1922.12.19	臺灣日日新報	童謠 ほし			苗栗小學尋六 鍾氏懿妹
1922.12.26	臺灣日日新報	童謠 雛			宜蘭七張 林蒼田
1923.01.01	臺灣教育 248	大正十二年を迎へて			張耀堂
		風さん			莊傳沛
		雨蛙			陳湘耀
		お月樣			陳湘耀
		童謠 月夜			徐富
1923.02.01	臺灣教育 249	詩	早春の言葉		張耀堂
			悲しき思出		莊月芳
		童謠	鳥うち		莊傳沛
1923.03.01	臺灣教育 250	君を偲びて			莊月芳
		別後			
		今日からは			
		童謠	私の小鳥		林世淙
			白い猫		
1923.03.13	臺灣日日新報	童謠 たんぽゝ			苗栗小學五 劉潤才
1923.04.01	臺灣教育 251	新學期の心もち（詩）			張耀堂
		私の悩み			莊月芳
		今宵も私は			
1923.04.03	臺灣日日新報	童謠 私			苗栗公一 陳氏桂英
1923.07.01	臺灣教育 253	詩	春よさよなら		張耀堂
		童謠	童謠 向日葵のわがひ		莊傳沛
1923.08.01	臺灣教育 254	燕			莊傳沛
		童謠 木瓜の葉つぱ			莊傳沛
1923.09.11	臺灣日日新報	汽車			臺南州西螺公學六年 廉溫義
1923.09.11	臺灣日日新報	文ちゃん			臺北市蓬萊公學 周氏嬌汝（十四）
1923.09.11	臺灣日日新報	小犬			臺南州大埤公學三年 楊廷輝
1923.12.01	臺灣教育 258	秋季と思索			臺北 張耀堂
1924.02.01	臺灣教育 260	賀正			陳湘耀
1924.03.10	臺灣教育 261	長詩 更生			十分寮 徐富

1924.04.14	臺灣日日新報	女學生達に			桃園 謝文倉
1924.05.12	臺灣日日新報	木の葉			謝文倉
1924.08.27	臺灣日日新報	夏の臺北			京都にて 柯設偕
1924.09.01	臺灣教育 267	死			士林 徐富
1924.10.01	臺灣教育 268	親猿仔猿			林世淙
1924.12.01	臺灣教育 270	藥取り			林世淙
		みづすまし			林世淙
1925.01.01	臺灣教育 271	雀			林世淙
		沈鐘			林世淙
1925.03.10	臺灣教育 273	シーソー遊び			士林 陳湘耀作
1925.04.01	臺灣教育 274	詩	雨の夜		陳錦標
			日なたぽつこ		林世源
			こほろぎ		
1925.04.07	臺灣日日新報	臺灣藝姐			謝文倉
1925.04.21	臺灣日日新報	ダイヤ誇にる人々へ			謝文倉
1925.06.01	臺灣教育 276	淋しい小鳥			陳錦標
1925.08.01	臺灣教育 278	詩 月夜			陳錦標
1925.09.01	臺灣教育 279	詩 土に親しむもの（臺南運河開鑿工事中の所見）			臺南 方金全
		詩 獨りて泣く涙			陳錦標
1925.10.01	臺灣教育 280	靜夜懷友			番分 陳紅生
		散り行く花			番分 陳紅生
1925.10.02	臺灣日日新報	燃ゆる心			楊孤舟
1925.10.30	臺灣教育 281	秋が來た			臺南 方金全
1926.01.01	臺灣教育 283	人生の不可思議			陳錦標
1926.03.01	臺灣教育 285	伸びて行く			臺南 方金全
1926.09.03	臺灣日日新報	未完成の畫家			王白淵
1926.09.26	臺灣日日新報	落葉			王白淵
1926.10.01	臺灣日日新報	我が人生			徐富
1926.12.01	臺灣教育 294	秋の夕べ			方金全
1926.12.03	臺灣日日新報	落葉〔註1〕			王白淵

〔註 1〕此詩內容與 9 月 26 日所刊之〈落葉〉完全相同，應為編輯誤刊二次。

後　記

　　能將碩士論文出版成書，首要感謝指導教授吳佩珍老師的牽成，以及花木蘭出版社的悉心編輯與校對。論文撰寫過程中，承蒙吳老師不厭其煩地指導，不論是論文內容或是日文翻譯部分都給予我非常多的幫助，在此致上最深的謝意。口試期間，感謝委員陳芳明老師和內田康老師在論文修改方面給予許多寶貴意見。陳老師的意見對於這次的修訂相當重要，內田老師在日文翻譯方面也提供了諸多幫助，特此致謝。

　　在此雖無法如謝誌那般細數姓名，但仍要真摯感謝的是熱心提供我資料的蜂飼耳老師，以及詩雲學姐、琬葶學姐、玉琦學姐、芸如學姐在各方面的協助。最最感謝父母及家人的支持，使我能無後顧之憂地努力。

　　這本論文的起點源自一個非常單純的問題：「台灣新詩是怎麼誕生的？」透過史料的追索，只能算是解答了部分。每當找到史料、線索終於勾連在一起時，那種無以名狀的興奮、離自己所找尋的答案更接近了一點的心情，是撰寫過程中最大也最美好的回報。我想透過這本論文傳達的，便是擴大史料搜索的重要。尚有許多史料躺在圖書館中等待發掘，其中藏有無數解決重大問題的鑰匙。它們是研究過程中最難纏也最光亮的對象，提醒著我們台灣文學這未竟之業仍然需要多長的時間與多大的精神來投入。

　　使用日本近代詩史來作為參照軸，使我開始對之有了一些粗淺的認識。相對於日治時期台灣詩人對日本近代詩人的熟悉，戰後台灣詩人以至於我們這輩，求學過程中只知胡適、徐志摩等中國詩人。這樣的斷裂也清晰地反映在台灣新詩史的書寫之上。這本論文想要對話的便是這樣的現象，所以刻意強調日本近代詩的影響。事實上，透過日文或日治詩人本身的其他外語能力，

尚有許多世界思潮與詩歌對台灣新詩的誕生產生影響，而這也是我期望能夠
繼續追索的問題。

　　最後，為方便參考，以下列出本書與已上線之國圖版本之最主要不同：

　　一、第四章做了大幅度的改寫，將張耀堂的個人事蹟、與生田春月之交
誼刪去，改為闡述本論文與台灣新詩史之間的承繼與連接。也補上除了張耀
堂與莊傳沛之外，其他大正期台灣詩人的作品。

　　二、針對附錄的缺漏處做了最大程度的修補與改正。

　　其他各章還有一些細節更動，在此不贅述。修訂期間，重新體認到自己
的渺小與不足，以及一本論文所能完成的終究只是階段性的工作。此期間陸
續接獲國立臺灣圖書館與新台灣和平基金會的肯定，甚為感謝。期望自己未
來能夠交出更多更好的成績。